GÜTERSLOHER
VERLAGSHAUS

Jörg Zink

Die Stille der Zeit

Gedanken zum Älterwerden

Gütersloher Verlagshaus

Bibliografische Information der Deutschen Nationalbibliothek

Die Deutsche Nationalbibliothek verzeichnet diese Publikation in der Deutschen Nationalbibliografie; detaillierte bibliografische Daten sind im Internet über http://dnb.d-nb.de abrufbar.

FSC
www.fsc.org
MIX
Papier aus verantwortungsvollen Quellen
FSC® C014889

Verlagsgruppe Random House FSC-DEU-0100
Das für dieses Buch verwendete FSC-zertifizierte Papier *EOS* liefert Salzer Papier, St. Pölten, Austria.

1. Auflage

Umschlag: © Juanita IV by Lou Wall © Lou Wall / Corbis
Seiten 10-12 und 15-16: Jörg Zink, Ich werde gerne alt © KREUZ VERLAG in der Verlag Herder GmbH, Freiburg i. Br. ^{9}2010, S. 3-13 (Auszüge)
Druck und Einband: Friedrich Pustet GmbH & Co. KG, Regensburg
Printed in Germany
ISBN 978-3-579-06580-9

www.gtvh.de

Inhalt

I

Man wird alt

Ein Chinese namens Bo Diu-I, er lebte im 8. Jahrhundert, war 66 Jahre alt, als er dieses Gedicht schrieb, das Günter Eich übersetzt hat:

»An 70 Jahren fehlen mir noch vier.
Lohnt sich's, von diesem Leben noch zu sprechen?
Die Trauer sucht mich heim bei fremdem Tod,
und wiederum frohlocke ich: Noch atm' ich hier.

Wie kann man schwarz das Haupthaar
sich bewahren?
Was ist zu tun, dass nicht das Aug sich trübt?
Von den Gefährten blieben Seelentafeln,
indessen Knecht und Magd Urenkel wachsen sehn.

Im magern Kreuz drückt wie Metall die Schwere,
an den verfallnen Schläfen häuft sich Schnee.
Was ist zu tun, wenn sich Gebrechen mehren?
Zeit ist's, dass ich mich anvertrau dem Tor
der Leere.«

Als ich selbst jugendliche 66 Jahre zählte, schrieb ich ein kleines Buch mit der Behauptung: »Ich werde gerne alt.« Damals sagte mir eine befreundete Dame von 90 Jahren: »Du weißt ja gar nicht, wie das Altsein ist.« Inzwischen sind 23 Jahre ins Land gegangen, und ich bin 89. Die Freundin ist ihren Weg längst zu Ende gegangen, heute hätte sie vielleicht nichts mehr dagegen einzuwenden, dass ich über das Altsein schreibe. Und ob ich es noch gerne bin? Heute, da ich es länger bin, als es manchem an meiner Stelle vielleicht recht wäre? Damals habe ich auf den ersten Seiten beschrieben, wie ich mit dem Älterwerden umgehen wollte:

»Es ist deutlich: Ich werde alt.
Ich stand im Garten, die Rebschere in der Hand,
neulich, an einem lauen und schönen Abend.
Drei Schritte seitwärts meine Frau.
Sie sagte etwas, aber ich verstand sie nicht.
Man hört nicht mehr wie früher. Ich frage zurück.
Sie möchte wissen, ob ich Mittwochabend Zeit hätte.
Müllers wollten vorbeischauen.

Der Kalender liegt im Untergeschoss.
Ich gehe die Treppe hinab und merke unten:
Ich habe vergessen, weshalb ich herabkam.
Es fällt mir wieder ein: Ach ja! Müllers.
Beim Griff nach dem Kalender stelle ich fest:
Die Brille liegt oben.
Ich gehe also nach oben, sie holen,
und komme wieder.
Schließlich finde ich den Mittwoch.

Während ich zum zweiten Mal nach oben steige,
Stufe für Stufe, fühle ich einen feinen Druck
in den Knien.
Und oben fange ich an zu suchen:
Wo habe ich nur die Rebschere gelassen?
Kein Zweifel: Ich werde alt.«

Der Text von damals geht sehr zuversichtlich weiter:

»Aber merkwürdig: Ich finde es schön.
Was schadet's, dass mir Namen entfallen,
die mir gestern genannt wurden?
Dass alles langsamer geht, auch mühsamer natürlich?
Ich werde gerne alt …«

»Ich brauche nur noch am Schreibtisch zu sitzen,
wenn mich die unbändige Lust zu arbeiten überfällt.
Ich reise nicht mehr zu geschwätzigen Konferenzen.
Ich brauche nichts zu werden. Nichts zu erreichen.
Niemand braucht mich gut zu finden.

Was ich tat, tun nun die Jungen.
Sie machen fast alles anders. Gut.
Ich habe seinerzeit auch fast alles anders gemacht
als die Alten. Ich wünsche ihnen ein gesegnetes Tun
und Gottes Beistand.

Aber ich? Ich darf einfach ›sein‹.
Ist das nichts? Ich gedenke es zu genießen,
solange Gott mir seine Sonne scheinen lässt.

Ich werde vor dem Haus meiner Seele sitzen.
Die Figuren meiner Phantasie streifen
durch den Garten.
Die Gestalten meiner Erinnerung gehen aus und ein
und reden mit mir über längst Gewesenes.

Ich schaue den Bäumen zu, wie sie ausschlagen,
wie die Blätter fallen, wie Schnee sie deckt,
wie sie wieder grünen. Und allmählich wachsen.
Ich werde gerne alt
und danke Gott für jeden Tag.«

Zwischensatz v. J. Z.:

Dass das schwierig sein könnte, war mir dabei durchaus klar:

»Ich weiß, alt sein ist vielen Menschen zu schwer.
Einsam vor sich hinzuleben, verlassen,
hungernd nach einem Menschen,
nach einer Berührung.
Arm vielfach. Abgeschoben. Vergessen. Nutzlos.
Ich weiß.
Und dennoch: Ich werde gerne alt.«

So habe ich damals geschrieben. Da war vielleicht doch Manches ein wenig romantisch gesehen, so als Äußerung des kleinen ahnungslosen Moritz. Auch die Kritik jener alten Dame traf mich vielleicht doch nicht ganz zu Unrecht. Denn anschließend saß ich nicht auf der Bank vor meinem Haus, sondern brachte weitere zweiundzwanzig Jahre im Geschirr eines rastlos Arbeitenden zu. Ich konnte so tun, als sei ich gar nicht »wirklich« alt, bis mir mein Körper dann vor einem Jahr, nach vielen kleinen Zeichen, unmissverständlich klar machte, dass er diese Art des Altseins mit täglicher Arbeit nicht mehr mitmachen wollte.

Ich war gerade dabei, mich auf den ökumenischen Kirchentag vorzubereiten, der 2010 in München stattfand, und wollte dort das Meine sagen. Da traf mich ein Hirnschlag, einer von mehreren, die mich im Lauf der Jahre ereilten. Ich musste absagen. Freunde traten für mich ein. Zwei Wochen später gab es dann allerdings einen Herzinfarkt mit Notarzt und heulender Fahrt zum Krankenhaus. Dort sah ich verschreckte Gesichter bei Ärzten und Schwestern. Und die Auskunft: »Das kriegen wir hier nicht mehr hin.« Darauf dann ein eiliger Weg in eine Klinik, wo Operationen am offenen Herzen zum täglichen Brot gehören. Dort ein Gespräch mit einem Fachmann für solche Fragen, der die nötigen Schritte erklärte: Brustkorb aufsägen, Rippen aufklappen, dann suchen, woher frische Blutgefäße zu holen sein würden, die nötigen Nähte machen und schließlich alles wieder zurückbringen an seinen Platz. Er meinte, er habe diesen Eingriff schon oft gemacht und ich könne ruhig darauf vertrauen, nach der langen Narkose wieder aufzuwachen.

Nach vier Stunden Operation brachten sie mich tatsächlich wieder ins Bewusstsein zurück. Vier Bypässe habe er gelegt, erzählte mir der Arzt, aber erst viel später wurde ich dann ganz allmählich wach. Als erstes stellte ich fest, dass etwas an mir nicht in Ordnung war, denn überall trug ich Kabel, Leitungen, Schnüre. Das konnte nicht richtig sein. Ich stand also auf und zog sie einen nach dem anderen heraus, bis eine große Blutlache neben meinem Bett den schönen Boden verzierte. Ich erinnere mich an den Hilfeschrei einer Schwester. Alarm. Hektisches Rennen. Bluttransfusionen. Allmählich lernte ich, friedlich zu sein und die Kabel und Schläuche zu tolerieren. Und dabei doch immer weiter dieses zähe Aufwachen, viele Tage lang. Ein alter Körper wird nicht gerne aufgesägt, repariert und wieder vernäht.

Es gab aber auch Umstände, an die ich mich gerne erinnere. Meine Kinder, die ich sonst zu selten sehe, teilten sich darin, auf ihren alten Vater nachts aufzupassen. Und vor allem: Meine Frau durfte im selben Zimmer wohnen. So war es uns vergönnt, ein paar Wochen lang, auch in der anschließenden Kur, ein ruhiges, ungestörtes Leben miteinander zu führen und zu zweit in aller Stille die diamantene Hochzeit zu feiern.

Heute, ein Jahr später, sitze ich in meinem Arbeitszimmer im Untergeschoss des Hauses und lese noch einmal in jenem ersten Buch, in dem ich vor 22 Jahren beschrieb, wie ich mir mein Altwerden vorstellen wollte, und finde, das meiste sei richtig und berechtigt gewesen. So kann man über das Altwerden reden, jedenfalls solange die beschwerlichen Erfahrungen nicht zu viele werden.

Denn natürlich folgte schon damals der zuversichtlichen Einleitung viel an vorsichtiger Klage:

»Es ist nicht selbstverständlich,
dass einer gerne alt wird,
ich weiß. Die Kräfte nehmen ab.
Die Sinne werden müde,
Krankheiten kommen, Schmerzen.
Die täglichen Dinge machen Mühe,
das Gedächtnis täuscht.
Die Tage werden kürzer, die Nächte länger.
Die Freunde gehen. Die Geschwister.
Schwermut schleicht sich ein.
Angst vor dem, was kommt.
Man wird entbehrlich inmitten der Herablassung
und Gedankenlosigkeit jüngerer Leute.

Es ist ein langes Lied, das da zu singen ist.
Man fühlt sich isoliert.
Man fällt anderen zur Last.
Der Körper wird unansehnlich.
Und dennoch sage ich das Gegenteil.
Altwerden ist die vierte Jahreszeit des Lebens.
Ich möchte sie kennen lernen.

Und die Angst? Habe ich Angst?
Ich bin kein ängstlicher Mensch.
Ängstige ich mich vor dem Tod? Nein. Das nicht.

Aber dass Schmerzen mich eines Tages
um die Selbstbeherrschung bringen,
dass eine Krankheit mich nicht läutert,
wie manche es erhoffen oder zumindest behaupten,
sondern zermürbt und zerstört, davor habe ich Angst.
Dass eines Tages all das,
was in meinem Leben misslungen ist,
vor mir steht und nicht weggehen will.«

Das Entscheidende am Altwerden im körperlichen Sinn lässt sich mit wenigen Worten darstellen: Krankheiten, Leidenszeiten, Schmerzen, Eingriffe wie Operationen. Oder ein Nachlassen der Sinnesorgane, das Vergessen dessen, was wichtig war, nicht mehr unbeschwert gehen, nicht mehr wirken können und vieles mehr. Alle diese körperlichen Veränderungen formen uns um. Aber was wird dabei aus uns? Etwa ein geringerer, ärmlicherer, hilfsbedürftigerer, schäbigerer Mensch? Oder was doch noch mehr?

Wer den langen Prozess des Älterwerdens aufmerksam beobachtet, wird rasch bemerken, dass dabei im Lauf der Jahre ein ganz grundsätzlich veränderter Mensch entsteht. Da ist der ganz offensichtliche Abbau des lange Jahre Vitalen in einen, der sich mühsam von einem Tag zum nächsten schleppt. Diese Veränderung fordert von uns, unter unserem Leben etwas anderes als früher zu verstehen, auf die schwieriger werdende Umwelt anders zu reagieren. Anderes wichtiger zu finden als früher. Sie erwartet, dass anderes aus unserer Welt den Tag bestimmt, dass wir eine andere Gestalt finden und unter unseren Mitmenschen eine andere, ganz ungewohnte und neue Rolle spielen.

Damals schien all dies nicht wirklich schwer zu bewältigen. Aber dann, im vorigen Jahr, in der Zeit nach meiner erfolgreichen Rehabilitation, bemerkte ich an mir eine Veränderung, von der kein Arzt vorher gesprochen hatte, denn die »Narkose« schien anzudauern. Noch ein halbes Jahr später fielen mir ganz gewöhnliche Wörter nicht ein, wenn ich reden wollte. Geordnetes Nachdenken, wie ich es achtzig Jahre lang gewohnt war, wollte nicht mehr gelingen, und stattdessen herrschte in meinem Kopf manchmal totale Verwirrung, unartikuliertes, wahlloses Plappern über nichts. Was ich zuvor noch ganz selbstverständlich gewusst hatte, war verflogen und kam auch nicht, wie manche mir tröstend versprochen hatten, im Lauf der Zeit wieder zurück, sondern schien zu einer Art Dauerzustand zu werden.

Mein Leben lang hatte ich auf ein gutes Gedächtnis bauen können und darauf, verständliche Sätze zu schreiben. Aber was ich über das Leben gewusst hatte, das war wie verschwunden. Das ganze Leben hatte ich auf meine Aktivität und meine Zuversicht zählen können. Doch nun griff plötzlich nach mir, wovon ich zuvor nur durch andere wusste: eine Art von Depression. Wozu war ich jetzt noch zu gebrauchen? Wer hatte jetzt noch etwas von mir? Was brachte mir selbst jetzt noch mein Leben? Hätte ich mich, statt der Operation, vielleicht doch lieber meinem Herzinfarkt überlassen sollen?

Die Erfahrung der langsam nur zurückkehrenden Einheit von Denken und Tun, von Seele und Körper macht, je älter man wird, um so klarer, dass die beiden auch ohne einander können – aber dass das dann nicht mehr das Leben ist, wie wir es verstehen. Es dauert nach einer Narkose mit »Sterben auf Probe« immer sehr lang, bis die schon im Gehen begriffene Seele wieder im Körper heimisch wird. Und in einem älteren Körper mit beschränkten Kräften dauert es noch einmal länger.

Zwischen dem ersten und diesem neuen Buch liegt die Erfahrung der Flüchtigkeit der Seele, wenn der Körper keine Kraft mehr hat – eine Erfahrung, die dem Menschen zeigt, wo es irgendwann definitiv hingeht. Man kann in solchen Phasen aber auch lernen, wie unwichtig vieles ist, das man vorher für selbstverständlich hielt. Zum Beispiel, sich mit fremden Gedanken auseinanderzusetzen oder verstehen zu wollen, was jemand in einem Buch als seine Gedanken zu Papier gebracht hat.

Es dauerte jedenfalls rund sieben Monate, bis eins nach dem anderen wiederkehrte, bis ich ein Buch, das ich las, wieder interessant fand und verstehen konnte. Eines der ersten, das man mir in die Hand drückte, war das Buch von Joachim Fuchsberger mit dem beunruhigenden Titel »Altwerden ist nichts für Feiglinge«. Schon der Titel ließ mich für einen Augenblick beklommen die Frage stellen, ob denn unter dieser Annahme das Altwerden überhaupt etwas für mich sein könne. Und weil ich das zu spüren glaubte, dass das Altwerden, jedenfalls für mich, eine lohnende Sache ist, kam in mir der Gedanke hoch, darauf müsse ich eigentlich eine Antwort wissen, mit der vielleicht auch andere etwas anfangen könnten, wenn sie sich wie ich beklommen die Frage stellen, für wen denn das Altwerden überhaupt etwas Schönes, etwas Erfreuliches sein könne.

Denn das ist klar: Für Feiglinge ist das ganze Leben nicht ausgelegt, längst nicht nur das Altwerden. Niemals im Leben ist es hilfreich, sich ängstigen zu lassen, sondern immer ist irgendwie gewollt, dass wir uns Herausforderungen stellen. Im jüngeren Leben gewöhnt man sich daran, dass das auch gelingt, und schließt daraus, man sei offenbar kein Feigling. Aber was wir dann an Kräften noch aufbieten können, um das Altwerden auf anständige Art zu bestehen, verbraucht sich oft mit wenig Erfolg. Und dann stellt sich natürlich die Frage, ob man vielleicht doch einfach nur ein Feigling sei, wenn man sich fragt, wie man das alles, was man jetzt zu bewältigen hat, eigentlich schaffen soll. Nein, feige sein hilft beim Altwerden wirklich nicht weiter.

Das Altwerden ist aber auch nichts für das Gegenteil. Es ist absolut nichts für Helden. Es ist nichts für Leute, die glauben, es gäbe Siege einzufahren gegen das Alter, denn wer älter wird, ist nur einfach der, der auf seine letzte, restliche Weise zu Ende lebt. Da kann er letztlich nur verlieren. Wer beim Altwerden auf Siege hofft, hat am Ende nicht mehr in der Hand als der Feigling, der meint, er überlebe damit, dass er Medikamente schluckt.

Zugleich kenne ich Leute, die man beinahe als Helden des Altseins verstehen könnte. Einen alten Herrn zum Beispiel, neunzigjährig, politisch aktiv und geistig sehr klar. Er war in seiner Jugend in einem Konzentrationslager und hatte den Tod aus nächster Nähe erlebt. Als ihn jemand fragte, wie er auf sein Sterben voraussehe, meinte er sehr gelassen: »Ich will nicht heute sterben, nicht morgen und nicht übermorgen. Aber dann gerne, denn ich bin gespannt auf das, was danach kommt.«

Oder ich kenne eine alte Frau, zweiundneunzigjährig. Wenn ich sie frage, wie es ihr gehe, erklärt sie mit fröhlichem Lachen: »Es geht mir gut! Zu Fuß bin ich nicht mehr gut unterwegs, aber die Treppen bewältige ich eben auf dem Hintern, Stufe um Stufe hinauf und hinunter.«

Das sind Leute, die irgendwo zwischen Feigling und Helden und vielleicht näher am Helden leben. Und in dieser Gegend wollen wir auch uns selbst antreffen. Irgendwo in der Normalität eines Menschen, der einmal das eine und einmal das andere sein darf. Einmal tapfer. Einmal mutlos. Einfach leben bis an sein Ende. Daran ist nichts Tragisches. Es ist eben so. Aber für wen ist dann das Altwerden?

Ist es passend für die, die resignieren? Ist das Altwerden leichter für Realisten, die von vornherein ausschließen, noch etwas Erfreuliches zu erleben? Auch sie sollten lieber lernen, von ihren Wünschen und Ängsten abzusehen, sonst werden sie das, was noch zu tun ist, nur in Mutlosigkeit tun. Zwar weder als Helden noch als Feiglinge, aber doch als mutlose Menschen, die der

Entscheidung zwischen Sieg und Niederlage durch Aufgeben zuvorkommen.

Und schließlich kenne ich viele, die, solange sie es vermögen, das Ihre tun, in aller Einfachheit, was ihr Alter ihnen vorschreibt, und die, wenn ihnen das nicht mehr gelingen will, sich den Händen anvertrauen, die sie pflegen. Die aber dieses »Sich anvertrauen« nicht als etwas Ehrenrühriges verstehen, sondern als das normale Ende eines Menschen. Sie haben keinen Stolz nötig und werden dabei zu dankbaren Menschen. Das gibt es auch.

Sollte es aber dazwischen wirklich keine weiteren Qualitäten des Altwerdens geben, die sich zu beschreiben lohnten? Gab es nicht vielleicht doch neue Erfahrungen in diesen langen Monaten auf dem Weg zurück in mein selbstbestimmtes Leben? Hatte ich dabei Erfahrungen gemacht, die sich aufzuschreiben lohnten für alle, die sich weder als Held noch als Feigling, nicht resigniert oder schon pflegebedürftig verstehen wollen? Das wollte ich wissen.

Nach gut einem Dreivierteljahr fing ich also wieder an zu schreiben. Wie früher. Wie immer. Morgens um vier. Wenn die Welt im Frieden liegt, wenn kein Telefon schellt, kein Fernsehen trällert, keine Post kommt, kein Besuch vor der Tür steht, keine Familie durchs Zimmer läuft. Wenn also Zeit ist, aus freundlicher Ruhe heraus nachzudenken. Ja, wie ist das mit dem Altwerden? Das

Buch von damals konnte ein Ausgangspunkt sein, noch einmal neu zu überlegen. Früh anfangen, vier Stunden vor dem Frühstück, das musste wieder möglich sein. Aber das Nachdenken selbst musste anders sein, mit den Erfahrungen aus zwei Jahrzehnten im Alter.

Ich frage also nicht ins Blaue. Ich frage mich selbst: Gilt das alles noch? Was ist es, das mich auch heute noch »gerne alt« sein lässt in meiner doch wohl beneidenswerten Lage eines fast neunzigjährigen Schreibers?

Man wird alt. Und das darf man werden.

II

Man hat seine Pläne gemacht

Das Altern fängt früh an. Aus dem schmalen Winkel unseres einsamen Schauens als Kind sehen wir die Wirklichkeit. Und es ist uns, wenn wir frei und behütet aufwachsen, wie selbstverständlich klar, dass wir alle Fähigkeiten besitzen, die das Leben von uns erwartet. Im Allgemeinen geht unser Nachdenken in Richtung auf einen Beruf oder auf zehn Berufe hintereinander, die als Instrument unseres Veränderungswillens gelten können. Bei mir waren es eigentlich nicht Berufe, an denen ich herumträumte, sondern ganze Lebensbereiche, in denen ich mich bewegen wollte.

»Was willst du denn einmal erreichen?« So wurde ich von einem Professor, der bei uns zu Hause zu Gast war, beim Familienkaffee gefragt, so ganz nebenbei. Ich schoss heraus: »Alles!« Der Mann stutzte einen Augenblick, dann bekräftigte er: »Ja, das ist richtig. Das Ganze muss man wollen. Das Ganze. Das ist richtig, mein Junge.« Aber damit, dass er mein »Alles« in sein »Ganzes« übertrug, gab er meinem Nachdenken einen wichtigen Anstoß in eine veränderte Richtung. Damals muss ich etwa vierzehn Jahre alt gewesen sein. Aber gleichzeitig träumte ich tatsächlich von vielen Berufen, in denen mir das »Alles« greifbar war, und das wechselte wie das Wetter bis zu meinem dreiundzwanzigsten Lebensjahr, als ich aus dem Krieg nach Hause kam: Architekt, Bildhauer, Dichter, Flugzeugkonstrukteur, Schriftsteller, Ingenieur, Damenschneider, Bauer, Philosoph. Alles zog vorbei.

Alles war für eine kleine Zeit das Schönste, Wichtigste, Erstrebenswerteste, für das man alles einzusetzen hatte.

Von der Flüchtigkeit unserer Wünsche habe ich früh das Meine mitbekommen, und das Altwerden war früh selbstverständlich.

Einen Vorgeschmack von all dem habe ich als Kind mitbekommen. Ich habe ja meine Eltern früh verloren. Seitdem habe ich meine Mutter immer vermisst. Die beiden waren 1918 unterernährt aus dem großen Krieg gekommen und verhungerten buchstäblich, als die Inflation kam. Für ein großes Ziel hatten sie sich eingesetzt: einen Gemeinschaftshof für mehrere Familien, mit dem sie dem Elend einen Gegenentwurf bieten wollten. Es war ein »Bruderhof«, der wie ein Leuchtzeichen stand, als die Heimkehrenden einen Neuanfang suchten im Umgang mit der Erde, mit der Freundschaft zwischen den Völkern und im Umgang mit Geld und Wirtschaft. Mehrere Familien besaßen den Hof gemeinsam, und keiner hatte privates Eigentum. Die Gemeinde der ersten Christen – das war das Bild, das sie leitete.

Auf dem armseligen Hof besuchte ich später mit Frau und Kindern die alten Bäume, unter denen ich als Kind gespielt hatte. Die Frömmigkeit meiner Mutter, die vor nun 87 Jahren starb, fast noch ein Mädchen, als ich zwei Jahre alt war, kam mir dabei sehr nahe. Ihr Glaube, es gehe nach dem Schrecken des Krieges um das eine, das not ist: Christus nachzufolgen und für sein Reich zu wirken. Ich wusste mich geführt, später, auf meinem langen Weg durch dieses Leben. Die Dankbarkeit bleibt und der Wunsch, die immer entbehrte Mutter eines Tages – in Gott – wiederzusehen.

Ehe sie dreißig waren, starben beide Eltern. An den langen Entbehrungen. Der »Habertshof« blieb ein ernüchterndes Symbol für einen großen Aufbruch. Und ich empfand als Kind danach die Welt und das Leben wie ein von einer fremden Macht besetztes Land, in dem keiner tun darf, was eigentlich Sinn hat.

Als ich siebzehn war, kam wieder ein Krieg. Die befohlene Begeisterung war bald verflogen, obwohl ich als Flieger ein besonders schönes Los gezogen hatte. Aber am Ende der fünf Jahre, die der Krieg für mich dauerte, war kaum einer noch am Leben von denen, die mit mir begonnen hatten. Mein ältester Bruder marschierte als Offizier durch den russischen Winter nach Stalingrad. Ein zweiter Bruder fiel im Frühjahr 45. Der jüngste ging mit achtzehn Jahren in Gefangenschaft. Und ich – durfte fliegen!

So stand ich erst als Dreiundzwanzigjähriger vor der Frage, was ich denn nun wirklich werden wolle. Ich kam nach Hause in die Trostlosigkeit einer Stadt, die aus Trümmern bestand. Dass man einen erfolgreichen

Beruf wählen konnte oder einen, bei dem man viel Geld verdiente, war für einen ernsthaften Menschen kaum ein Gesichtspunkt. Aber was war das Maß, das man beim Wiederaufbau des Landes anzulegen hatte?

War es die Dankbarkeit? Die Dankbarkeit für ein langes Leben? Die meisten meiner Jugendfreunde starben auf den Schlachtfeldern. Ich selbst stand am Anfang eines offenen, vielleicht langen Lebens. Ich schrieb damals, ich wolle danken für die Menschen, die ich liebte, die mir wichtig waren, für Lehrer und Weggenossen. Ich wurde Pfarrer. Und ich hatte als »Pfarrer für Öffentlichkeitsarbeit« ein schönes, ein glückliches Los. Ich hatte das Vorrecht, auf jedem Feld, das ich zu bearbeiten hatte, erst einmal die Regeln ausfindig zu machen, nach denen dort zu arbeiten war. So im Umgang mit dem fremden Milieu der DDR, in der Reportage über die Jugendarbeit hier und dort. Dabei war hilfreich, dass die DDR-Posten mich nicht als den Autor meiner Bücher, die in der DDR verboten waren, nicht als Jörg Zink, sondern nach Auskunft meines Passes als »Georg Zink« sahen. Es galt aber auch, als ich anfing, Fernsehen zu machen und in der Journalistik zu arbeiten. Es galt im Religionsunterricht in Schulklassen, in meiner freien Mitarbeit im Hörfunk, es galt für den Leiter einer großen Jugendzentrale. Es galt auf meinen Wegen vom Sozialarbeiter zum Bücherschreiber, zum Verlagsleiter, vom Auslandsberichterstatter zum Reisenden mit einem eigenen Filmteam, vom Bibelübersetzer zum Wort zum Sonntag-Sprecher und zum Mitarbeiter auf evangelischen und katholischen Kirchentagen. So kam ich auf vielen Reisen auch immer wieder in den Nahen Osten, um für das Deutsche Fernsehen Filme zu schaffen, über die Wurzeln des Christentums und die Geschichte der Religionen.

Als ich im Fernsehen anfing, gab es ein einziges Programm, die ARD. Es gab noch nicht einmal das ZDF. Geschweige die lange Liste der Privaten. Das war vor genau fünfzig Jahren. Und das Fernsehen des SDR bestand aus zwei Baracken und vielleicht dreißig Mitarbeitern. Alles war noch offen. Keiner wusste, wie das Fernsehen geht und wie gar religiöses Fernsehen gehen könnte. Jeder probierte aus, was sich anbot. Viel, was es an Einfällen gab, schlug fehl, und das wurde allgemein akzeptiert. Es war eine herrliche Zeit des Erfindens, des Scheiterns und des Neuerfindens.

Als ich am Ende in den Ruhestand trat, veränderte sich daran nur die Tatsache, dass ich allein weitertrieb, was mir wichtig war, fünfundzwanzig Jahre lang. Und dieses Leben war ein Traum. Es hätte schöner, aufregender, universeller nicht sein können.

Ein paar Wochen vor meinem Herzinfarkt beschlossen meine Frau und ich, die Wanderungen, die traumhaft schönen, die wir vor dreißig Jahren im oberen Engadin gemacht hatten, zu wiederholen. Wir nahmen also ein Zimmer in einem Hotel in Sils Maria und fuhren mit dem Bus von Talstation zu Talstation. Mit den Gondelbahnen in die Höhe, wohlgemut, wir könnten irgendetwas wiederholen. Also die Diavolezza hinauf. Aber oben waren wir froh, dass wir nicht weiter steigen mussten, sondern fahren konnten, nur eben wieder abwärts. Oder den See entlang. Wir erinnerten uns, da gehe ein ebener Weg das Ufer entlang. Dieser erwies sich als steil aufwärts und abwärts führend. Oder der wunderschöne Aussichtspunkt Muragl. Wir fuhren mit der Bahn in der Mittagszeit hinauf und stiegen noch ein wenig höher. Als der Nachmittag da war, fasste uns der Ehrgeiz. Das muss doch möglich sein, dass man von hier aus in das Tal zu Fuß absteigt. 1000 m Höhenunterschied – abwärts – das muss zu schaffen sein. Also den gewiesenen Weg abwärts. Er erwies sich als kaum begehbar, weil von Kuhfladen und Geröll bedeckt. Wir mussten knapp oberhalb von ihm oder knapp unter ihm unseren Weg suchen. Als wir bis etwa 400 m Höhe über dem Tal in die Waldzone kamen, waren wir am Ende. Mich fasste ein Drehschwindel, und ich fiel rückwärts in ein steiniges Bachbett. Wir sammelten uns wieder auf und stellten fest, dass kein Mensch auf der ganzen Strecke zu sehen gewesen war. Also keine Hilfe. Und weiter. Wie wir die letzten 600 m Höhe schaffen konnten, ist mir bis heute unklar, aber kurz vor Dunkelheit kamen wir in Pontresina an und hatten verstanden: Das Altwerden will ernst genommen sein. Es redet sehr konsequent vom Abschiednehmen, vom Nicht-mehr-können.

Für wen würde ich heute plädieren, der dem Altwerden gewachsen wäre? Für wen wäre das Altwerden keine Katastrophe? Vielleicht nur der, der schon in diesem Leben sich hinüber orientiert hat auf die andere Seite der Wirklichkeit, der sich dort drüben wiedererkannt hat und sich selbst hinüber mitnehmen konnte mit seinen Klagen und seiner Zuversicht? Oder besser der, ohne es selbst zu können, sich hinübernehmen ließ?

Unser früheres Stuttgarter Stadtoberhaupt, Manfred Rommel, hat einmal den schönen Vers gedichtet:

»Ehret die Alten,
eh sie erkalten.«

Aber zu diesem »Ehret« gehört natürlich, dass die Alten zu ihrem Abnehmen stehen, dass sie es als etwas zu Ehrendes vorzeigen. Wie soll ich einen Alten ehren können, wenn er selbst sein Alter versteckt oder verflucht?

Denn das ist doch der Traum vom Ziel eines Lebens. Einen stillen, warmen Abend lang vor dem Haus sitzen, auf einer Bank, und gemeinsam ruhen. Und wenn das Alter nicht so romantisch zu Ende geht, dann muss doch nur gelten, was ein Leben lang gegolten hat. Denn die Abendsonne wird nicht immer so warm scheinen, wie der Träumer es sich vorstellt. Da muss einer für den anderen den Mut bewahren, wenn der Augenblick des Verzagens kommt. Da muss einer dem anderen zuhören, ihm die Hand halten, ihn erinnern. Für ihn vor Gott bringen, was da zu tragen ist. Und wenn er den Segen des Altseins erfahren soll, dann wird er sich geliebt wissen, von Gott selbst, aber auch von einem Menschen, der ihm nahe ist.

So erging es mir jedenfalls. Ich lernte als Achtzehnjähriger ein Mädchen kennen, das mich mit ihren 15 Jahren bezauberte. Aber ich hatte nicht den Mut, sie anzusprechen. Vier Jahre lang verehrte ich sie aus der Ferne. Ich nahm ihr geistiges Bild mit durch einen langen Krieg, ohne dass sie eine Ahnung davon hatte, und wir heirateten 1950, als sie fünfundzwanzig war. Heute sind wir einundsechzig Jahre verheiratet, und sie ist inzwischen eine gütige, weise, alte Frau geworden, ohne die ich mir keine Phase meines Lebens vorstellen könnte.

III

Unser Leben ist eine Folge von Krisen und Wandlungen

Einstieg

R. G. nennen (auslegen)

I. Z. nennen (auslegen)

Zusammenfassung d. 1. T. n. I. Z.

Wir müssen uns, glaube ich, hier über ein bestimmtes Lebensgesetz einig werden. Nämlich darüber, dass das Leben immer wieder von uns verlangt, dass wir uns neu orientieren, wenn wir unseren Weg finden und die Übersicht behalten wollen.

Wir können ja das Leben gliedern oder aufteilen in fünf oder sechs Phasen. Danach reicht die erste, die Phase des Kindseins, von unserer Geburt bis zehn oder zwölf Jahre. Die zweite, die Phase des jungen Menschen, mag man vom zwölften bis zum zwanzigsten Jahr reichen lassen. Die dritte, die des mündigen Menschen, mag man bis zum vierzigsten oder fünfundvierzigsten Jahr ansetzen. Die vierte, die des reifen Menschen, bis etwa zum siebzigsten. Und die fünfte ist die, von der wir hier reden, die des alten Menschen. Eine eigene, die nur eine Minderheit durchlebt, ist noch die des senilen Menschen. Wir mögen sie niemandem gönnen, aber es gilt sie anzunehmen, wenn sie denn über einen Menschen verhängt ist.

Nun erleben wir aber diese Phasen nicht an den Phasen selbst, sondern an den typischen Krisen, die jeweils von der einen in die andere führen. Nehmen wir an, das sei so, dann liegt zwischen dem Lebensabschnitt des Kindes und dem des jungen Menschen die Pubertät mit ihren besonders markanten krisenhaften Erscheinungen. Was danach in Erscheinung tritt, gab es vorher nicht. Nämlich den selbstbewussten, ichstarken Menschen, den die Pubertät hervorbringt. Den auch, der von der besseren Welt träumt, die er schaffen will.

Zwischen der Phase des jungen Menschen und der des mündigen liegt die Krise, in der wir die reale Welt erleben mit all ihren Schwierigkeiten. Den Abschied von den Träumen des Jugendlichen. Den realen Umgang mit den wirklichen Dingen. Dieser Abschnitt umfasst die Zeit der Wendung, die in diesem Alter vom Ich zum Wir zu vollziehen ist. Etwa die Heirat als Ausdruck solcher Wendung. In dieser Zeit werden die Weichen für das Alter gestellt. Es ist die Wendung vom »Nichts auslassen« zum konkreten Ort im Leben, der einem sagt: Da gehöre ich hin. Da bin ich daheim und da bleibe ich. Das sah für mich so aus, dass ich einen Krieg lang jenes junge Mädchen heimlich verehrte, dann zur Frau nahm, als wieder Frieden war. Und sie ist bis heute an meiner Seite und teilt meine Tage mit mir.

Zwischen der Phase des mündigen und der des reifen Menschen liegt für die meisten die Krise der Grenzerfahrungen. Der Tod kommt vorbei und will wahrgenommen sein. Das Leid meldet sich und fragt, ob und wie wir es tragen wollen. Die Zeit des Verzichts auf gewünschte Sexualität sagt ihr hartes Kommen an. Die Grenzen der Kraft werden spürbarer, bis wir endlich in die reife Phase eintreten. Das Leben wird enger und wir müssen die Disziplin aufbringen, ohne die da nichts mehr geht.

Zwischen der Phase des reifen Menschen – rund um die Zur-Ruhesetzung – und des alten liegt die Krise der Loslösung. Die Leistungskraft lässt nach, die Kollegen verschwinden aus der Reichweite der Kontakte, die eigene Wichtigkeit schwindet. Die Gesundheit und die Krankheiten werden zu Hauptthemen der Gespräche. Und es kommt darauf an, diesen vielfachen Verlust nicht nur zu bejahen, sondern ihn zu vollziehen. Man geht die Treppen langsamer, man begnügt sich statt der öffentlichen Wirkung mit dem im kleinen Kreis getrunkenen Glas Wein. Man erkennt, dass die heutige Weltlage von den Jungen anders eingeschätzt wird, und hält seine Überzeugungen gegen allen Widerstand fest, aber man verabschiedet sich von der Neigung zu meinen, man habe die eigentliche Bedeutung dessen, was die Tagesschau berichtet, verstanden.

Henry Nouwen, Theologie-Professor an der Harvard Universität in den USA, gab mit vierundfünfzig Jahren sein Lehramt auf und schloss sich der »Arche« an – der Bewegung eines gemeinsamen Lebens mit Behinderten. Er fand für die letzte Krise, die des Loslassens, ein starkes Bild: Er schildert, wie zwei Akrobaten, durch einen genauen Abstand getrennt, an den Füßen in einem Trapez hängen, gegeneinander schwingen, und wie der eine sein Trapez verlässt, zum andern hinüberschwingt und sich vom andern auffangen lässt. Der über dem Abgrund schwebende, der sein Trapez verlassen hat, darf auf keinen Fall nach den Händen des anderen greifen. Er muss sich fallen lassen und darauf vertrauen, der andere werde ihn erreichen und auffangen. Nouwen, der dieses Gleichnis schilderte, wusste, wovon er sprach, mit seinem Schritt in die Schlichtheit und Armut der »Arche«.

Und am Ende folgt für manche noch die Phase der Senilität, der Demenz. Auch das ist ein natürlicher Vorgang. Das Gehirn ist nicht mehr der willige Knecht, sondern geht einsame Wege, bis es endlich aussetzt. Diese letzte Krise zwischen dem Alter und dem Ausfall der geistigen Kräfte ist für den Einzelnen schwer zu erkennen. Aber kann man etwas vorausnehmen, damit die letzte Phase für die anderen und für einen selbst erträglich wird? Man kann im Lauf seines gesunden oder nur körperlich kranken Alters mit dem Verzichten so weit kommen, dass man am Ende auch mit dem letzten, dem Verzicht auf die geistige Kraft einverstanden sein kann. Wer in aller Stille die Krise der Loslösung, die schwierigste von allen, vollzogen und gelernt hat, sich selbst in voller Freiheit aus der Hand zu legen, der wird auch in der Phase seiner Demenz ein anderes Bild abgeben. Er wird hilflos und freundlich bleiben und dankbar für jedes Zeichen der Zuwendung. Diesen Übergang haben wir hier noch nicht im Auge. Ich habe damit noch keine Erfahrung.

Aber worin besteht die Übergangsphase zwischen

6.

dem alten und dem senilen Menschen? Woran kann der Mensch in seiner Endphase noch mitarbeiten, damit er ein für den Pflegenden erfreulicher Mensch bleibt? Es gibt senile Menschen, die zu kennen ein Segen ist. In ihnen ist ein langes Leben still geworden. Die Liebe ist gegeben. Die Arbeit ist getan. Das Leiden ist gelitten. Aber alles ist noch gegenwärtig. Die alte, freundliche Handbewegung, derselbe Friede, dieselbe freundliche Nähe, dieselbe Geduld. Dieselbe Dankbarkeit. Aber alles wird geprägt sein von dem Leben, das vorausging. Es kann nicht anerzogen werden, wenn diese letzte Gefahr schon eingetreten ist. Man muss in der Phase der Reife schon seinen Tod angenommen und bejaht haben, wenn man sein Ja im senilen Alter glaubhaft leben will.

Das alles, was die fünf bzw. sechs Phasen ausmacht, geschieht natürlich dem einen früher, dem anderen später. Die Phase der Loslösung kann beginnen, solange er sich bester Kräfte erfreut. Und sie kann ungelöst bleiben bis ins neunzigste Jahr und länger.

Aber wir können ja nun von einer Lebensphase zur nächsten nicht einfach weitergehen, als ob nichts wäre, oder die eine aus dem Erfolg der vorigen herleiten. Das Kind und der junge Mensch sind nicht die Fortsetzung des einen aus dem anderen. Die Pubertät schießt uns sozusagen aus dem ersten heraus und macht uns plötzlich verantwortlich für alles, was wir denken oder tun. Jeder Abschnitt hat seinen eigenen Charakter, und es kann schwierig werden, wenn die Krise zwischen dem einen und dem anderen ausgefallen ist. Jede Phase verlangt ein Vorausschauen auf die nächste und damit auch das Durchstehen der fälligen Krise.

Fassen wir also das Lebensbild des alten Menschen ins Auge, wie es sich aus der Krise der Loslösung entwickelt. Er ist der, den wir den weisen Alten nennen, der um sein Ende weiß und es anzunehmen sich bemüht. Er lebt in die immer ehrlicher werdende Bereitschaft hinein, zu bejahen, was an ihm geschehen muss. In dieser wachsenden Bereitschaft entsteht im Alten etwas Ruhiges, Gelassenes, eine Erfahrung von wichtig und unwichtig, echt und unecht. Er entwickelt aber vielleicht nichts groß Aktives – das hat er unter Umständen hinter sich –, er strahlt im Gegenteil etwas aus. Er »packt« immer weniger, er beherrscht immer weniger, aber er macht deutlich, dass er sich mit seinem Ziel anfreundet.

Ein Bischof antwortete, als man ihn fragte, was er tun werde, wenn er wüsste, dass er in einer Stunde sterben werde: »Ich würde das, was ich jetzt tue, besonders gut tun.« Er würde also nicht in die Betrachtung des Todes vorausspringen. Diese Weisheit entsteht, wo das Ewige sich im vergänglichen Bewusstsein durchsetzt und von dort aus der Gang des Lebens sein Licht empfängt.

Der alte Mensch aber ist nach heutiger Auffassung als weniger leistungsfähig als der junge anzusehen, weniger fähig zum Tun und Wirken. Er ist ein verminderter reifer Mensch. Er ist aber nicht verpflichtet, sich das Aussehen und Auftreten eines jungen zu verleihen. Ich muss nicht sagen, wie vergeblich, wie ohne Sinn das ist. Warum soll ein Mensch, der dem Leben gerecht geworden ist, nicht alt aussehen? Aber wir haben irgendwie vergessen, das Besondere des alten Menschen zu würdigen. Das Ergebnis ist Schein. Selbstbetrug. Täuschung. Und es ist vergeblich, es durchzuhalten. Wir bleiben ja nicht bei siebzig stehen. Die Wirkung aber ist, dass die Schönheit eines weisen alten Menschen unter uns verloren geht.

Es ist ein ähnlicher Verlust zu beklagen, wie er dem Kindsein – mit aller guten Absicht – angetan wird. Wie dem Alten die Phase der Weisheit genommen wird, wird dem Kind heute die Kindheit genommen. Sie ist die eigentlich mythische Phase des Menschen, die Phase des Spiels, des Märchens, des Zaubers, die allmählich in die des rationalen Nachdenkens übergehen soll. Stattdessen zieht man die Bereitschaft, alles erklären zu wollen, in immer frühere Phasen der Kindheit vor. Der Kindergarten ist nicht mehr die Zone des Spiels, sondern die des spielerischen Lernens. Was danach den später erwachsenen Kindern am Erbe aus ihren Kindertagen fehlen wird, wird nicht bedacht.

Es hängt zusammen mit dem Gewichtsverlust des Altwerdens. Es entsteht das Bild eines alten Menschen, der über die siebzig nie hinauskommt, Männer wie Frauen. Es ist das Bild des Feiglings, der sich herauswindet aus seiner Aufgabe, alt zu werden. Nein, der Übergang vom aktiven Leben will bejaht sein. Das Altwerden ist für die gedacht, die ihre Wachheit dazu nutzen, Ja zu sagen zum Abnehmen an Schönheit, an Leistungsfähigkeit, an Stehvermögen. Nicht an Hingabe, nicht an Liebe. Die kann vielmehr reifer und schöner werden auf die alten Jahre hin. Und ob die Schönheit eines alten Gesichts überhaupt abnimmt oder nicht vielmehr vollkommener werden kann, das mag offenbleiben.

Ob zum Beispiel ein Foto von mir von heute nicht ebenso schön ist oder schöner als die Fotos von vor zwanzig Jahren? Es ist nachdenklicher. Es spiegelt sich in ihm ein Leben, das reicher war als das geschönte Bild des ewig Aktiven.

Wir beide sind hoch in den Achtzigern. Keiner weiß, was uns der Überschritt in die neunziger Jahre bringen wird. Wo wollen wir stehen, wenn uns ein ganz anderer Übergang zugemutet wird? Etwa der in die Demenz? Wenn uns auch die Schönheit des weisen Gesichts verlassen wird – und die ganze Welt, unsere Gedanken und unsere Gespräche untereinander? Es wird ja immer wahrscheinlicher, dass uns das widerfährt, je älter wir werden. Was wollen wir tun?

Aber es ist uns ja noch etwas ganz Anderes zugedacht und zugesagt: Mit dem Altwerden ist ja nicht nur gemeint, wir sollten abnehmen und dazu Ja sagen. Es liegt im reiferen Alter auch etwas ganz und gar Gegenläufiges. Es ist doch nicht dies, so habe ich schon vor dreiundzwanzig Jahren geschrieben, dass alles an uns nur alt wird und nichts mehr neu entsteht.

Gegen die Grenze unseres Lebens will etwas Neues in uns beginnen, etwas Großes und Wunderbares. Es ist wie ein Kind, das in dir wachsen will. Ein Leben, das bleibt über das Abnehmen hinaus, über das Ende hinaus. Ein Neuanfang in deiner Seele. Ein neuer Mensch, sagt das Evangelium. Der neue Mensch, der Christus spiegelt. »Darum werden wir nicht müde, wenn auch unser äußerer Mensch zerfällt, so wird doch der innere von Tag zu Tag erneuert« (1. Korinther 4,16). Und: »Wir spiegeln alle mit offenem Gesicht den Lichtglanz des Christus. Mehr und mehr wandelt er uns in sein Spiegelbild, in die Lichtfülle, die aus Gott kommt« (2. Korinther 3,18).

Was wir nach Paulus gewinnen können, ist jener »Mut zum Sein«, den Jesus als Sorglosigkeit bezeichnet: Mut, in der Welt zu stehen. Sich dem unberechenbar Lebendigen auszusetzen. Jene überlegene Leichtigkeit, die Jesus auch als Seligkeit beschreibt. Das treue Gehen auf einem zukunftsgewissen Weg, der uns sagt, Christus sei in uns und wir seien in Christus. Was du dazu tun kannst? Schütze den stillen Raum, in dem das in dir geschieht, und halte dich nicht auf mit dem, was vergeht, mit deinem Tagestraum und deinen Nachtgedanken.

So, dass du frei von Furcht über das Vergangene reflektieren kannst und so in dir, frei von Furcht, das Künftige entsteht.

IV

Ein einzigartiger Anruf

Lange Jahrzehnte habe ich mir Gedanken gemacht über den christlichen Glauben. Habe mir den historischen Hintergrund vor Augen geführt, die Gedanken der Alten und der Zeitgenossen, und manchmal war das alles merkwürdig schwierig, vielfältig, kompliziert. Der Gedanke, es müsse doch alles viel einfacher zu sagen sein, hat mich in sechzig Jahren meines Pfarrdienstes nie verlassen. Ich konnte mir schlechterdings nicht vorstellen, dass die Bauern und Fischer und Hausfrauen von Galiläa den Worten Jesu hätten folgen können, hätte Jesus die Art Theologie von ihnen verlangt, die wir heute unseren Hörern zumuten. Und diese Vermutung, dass alles viel einfacher zu sagen sei, als es unter uns geschieht, hat mich vor allem in der Geschichte der Kirchentage seit 1952, als ich ihn zum ersten Mal wahrnahm, nie verlassen.

Ich halte die ganze Kirchentagsbewegung seitdem für etwas vom Lebendigsten und Zukunftsreichsten, das die evangelische Kirche hat. Inzwischen bin ich 89 und wollte auch in Dresden, wo er 2011 stattfand, meinen Teil beitragen und mich zugleich von ihm verabschieden. Denn mir war jene Herzoperation dazwischen gekommen, und ich war überzeugt, nun sei ich endgültig alt, ausgeschieden, aufgebraucht. Und es zeigte sich wenige Monate vor diesem Kirchentag, dass das Risiko, sich dem Kirchentag auszusetzen, dem pausenlosen Gedränge, dem pausenlosen Fragen und Antworten, zu groß war. So sagte ich am Ende ab.

Aber da kam man beim Kirchentag auf die Idee, diesen meinen letzten Beitrag und diesen Abschied könne man doch auch via Bildschirm lösen. Ich solle meinen Vortrag von Stuttgart aus halten, und ein Freund könne mich auf der Bühne in Dresden mit den Menschen in der dortigen Halle verbinden. Und diese Lösung glückte auch ganz vorzüglich.

Wie wenig es braucht, damit man sein Leben und Tun lohnend finden kann, wie das einfache Dabeisein, die praktische Beteiligung zu einem Wert an sich wird, das habe ich gesehen. Und wie unsinnig das komplizierte Reden vom »Ende« ist, wo der Tod doch immer nur ein kurzer Übergang ist, ein Schritt hinüber, dem nichts Trauriges anhaftet. Und wie vor allem am Ende alles gut ist. Wie einfach im Grunde das Gestrick des Lebens ist, in dem wir Menschen uns finden. Und wie einfach die Worte, von denen wir uns getroffen wissen. Und wie einfach sie reden über den beiderseitigen Gesprächsraum, den wir das »Wort Gottes«, das »Wort von Gott« nennen. Und wie unmittelbar Gott sich von uns finden lässt, wenn wir nur ernsthaft ein Wort von ihm suchen. Das auch.

Wie kam ich denn auf die Idee, ich sei auf meinem Weg, wenn ich diesem Weg folge? Da muss ich eine kleine Weile erzählen. Es war im Krieg. Ich habe damals die Fliegerei geliebt. Den Krieg habe ich gehasst. Ich lebte damals an der Küste der Bretagne. Und mein Aufgabenfeld lag auf dem Meer, dem Atlantik und dem Mittelmeer. Ich war Jagdflieger zum Schutz der U-Boote und musste Gott sei Dank nie Bomben werfen. Auf einer Dienstreise zwischen Ostpreußen und Frankreich machte ich, es war Weihnachten, einen Umweg über Ulm und war drei Tage zu Hause. Am Ende wurde ich von einer Streife der Militärpolizei aufgegriffen. Es gab eine Verhandlung vor einem Feldgericht, und das Problem dabei war, ob mein Umweg von drei Tagen als Fahnenflucht oder als unerlaubte Entfernung von der Truppe gelten sollte. Bei Fahnenflucht wäre ich erschossen worden. Aber man verurteilte mich nur zu ein paar Wochen Gefängnis. Ich saß also in dem Gefängnis, das in Vannes in der Bretagne stand.

Dort waren außer uns Deutschen, die zum Teil hingerichtet wurden, zum Teil nach einiger Zeit wieder entlassen werden sollten, auch Leute aus der französischen Widerstandsbewegung, dem »maquis«, verwahrt. Von denen wusste man, dass sie auf schreckliche Weise gefoltert worden waren und dass man sie in Kürze erschießen würde. Um die Mittagszeit kamen sie aus ihren Zellen und stellten sich auf dem Flur auf, um ihre Suppe zu bekommen. Wir sahen sie, wenn wir durch die Gucklöcher unserer Zellen sahen. Und da fiel mir ein Mann auf. Etwa vierzigjährig. Schmal und zart. Er grüßte den bewaffneten Aufseher, der ihm seine Suppe in den Napf goss, mit einem freundlichen Kopfnicken. Danach bedankte er sich bei ihm wieder mit einem freundlichen Lächeln, ging ans Ende des Flurs, wandte sich seinen Leidensgenossen zu, schlug mit der Hand ein Kreuz und sprach einen Segen, den ich nicht verstand. Dann aß er, was in seinem Napf war, still für sich.

Das traf mich wie ein Schlag. Was für ein Mensch! Helden hatte ich genug gesehen, aber nicht einen Menschen, der so seinem Todfeind gegenüber stand. So sicher, so freundlich, so klar. So ohne jeden Hass. Das gab es also. Zu werden wie er, das musste sich lohnen. Das steht mir bis heute vor Augen, wenn ich an ihn denke.

Ich stand damals in meiner Zelle und las zum ersten Mal in dem kleinen Neuen Testament, das ich mitgebracht hatte. Und nun hatte ich da zum ersten Mal Jesus selbst gesehen in dem fremden Mann, der eigentlich mein Feind war. Der stand stellvertretend für Jesus Christus, und Jesus Christus deutete mir den fremden Mann. Liebe deinen Feind, sagt er mir. Liebe jeden Menschen. Ich sah ihn damals nur wenige Tage, dann wurde er erschossen. Aber in mir ist er stehengeblieben bis zum heutigen Tag. Ich weiß weiter nichts über ihn. Aber ich danke ihm bis heute. Als ich nach dem Krieg nach Hause kam, ging ich nach Tübingen und studierte Theologie. Es war für mich die lebensentscheidende

Erfahrung. Es war der Anruf, der mich traf. In meinem Herzen. Er gab mir den Mut, mit meinem Mund zu bekennen, was ich durch ihn gelernt habe.

Ihnen, liebe Leser, kommt das Reden Gottes nahe auf irgendeine andere Weise. Aber ich möchte Ihnen Mut machen, darauf zu vertrauen, dass es Ihnen nahe ist, in Ihnen selbst, wenn Sie nur mit offenen Augen in die Welt schauen. Wenn Sie nur hören, was Gott gesagt hat. Wenn Sie nur mit allen Sinnen durch Ihr Leben gehen. Und wenn Sie danach Ihren Mund auftun und den Menschen um Sie her sagen, was Gott in Ihrem Leben sein oder werden will, nämlich Ihr Vater im Himmel.

Wie kann es denn aussehen, wenn das Wort von Gott nahe bei Ihnen ist? Dann stehen Sie morgens auf und freuen sich auf Ihren Tag. Dann gehen Sie eins ums andere an in der Gewissheit, dass Gott Ihnen Gelingen schenkt. Dann wissen Sie: Ich werde heute wieder an vielen Stellen versagen. Aber das bringt mich nicht um die Liebe Gottes. Oder Sie wissen: Gestern hatte ich einen mühsamen Tag, an dem nichts gelang, aber Gott kann mir den heutigen gelingen lassen. Oder Sie sagen: Ich hatte gestern den ganzen Tag meine Schmerzen. Ich werde sie auch heute haben. Aber Gott ist bei mir, mein Vater, der sie mir zumutet. Oder Sie sagen: Meine Sorgen sind erdrückend. Aber ich werde mit ihnen leben können, weil Gott mit mir ist. Und vielleicht gibt Gott mir eines Tages wieder einen Tag, an dem ich sie weglegen darf.

Das möchte ich Ihnen sagen: Sie sind reicher, als Sie meinen. Sie sind näher am schöpferischen Wort Gottes, der Sie erschaffen und auf Ihren Weg gestellt hat. Nehmen Sie einmal ganz ernst, was Sie hören: Ich bin Gott recht. Ich bin der Ort, an dem er wirken will. Treten Sie sich selbst gegenüber und sagen Sie: Ja, das ist wahr. Ich bin Gottes Werkzeug. Ich kann mit freiem Herzen tun, was mir dieses Wort von Gott zuspricht.

Vielleicht sagen Sie: Ja, das kenne ich. Der Gott, von dem dieses Wort sagt, er sei nahe bei uns, nimmt mir gleich allen Mut, über ihn nachzudenken. Er ist ja nicht nur die stille Kraft, die mir zum Leben hilft. Er ist ja auch ein fremder Wille, der mich beansprucht. Jesus sagt mir ja nicht nur, wer Gott sei, nämlich mein Vater im Himmel. Er sagt auch, was Gott von mir will. Und ich sehe, dass ich diesem Willen, trotz all meinem Jasagen, nicht nachkomme. Auf und Ab durch alle Gebiete. Sie sagen: Ich kann zwanzig Gebote nennen, die ich nicht schaffe. Wäre das Wort, das ich höre, von Gott, wäre er mir so nahe, wie du sagst, dann müsste es gelingen. Aber ich schaffe es nicht. Es ist mir fremd.

Vielleicht auch sagen Sie noch anders: Lieber Bruder Jesus, an dir lese ich meinen Weg ab. Ich sehe, wohin du gegangen bist. Du bist zu denen gegangen, die unten waren, zu den Armen, den Leidenden, den Einsamen, den Unwissenden, den Ausgegrenzten, zu denen, die man gerne außen vor lässt. Ich lese an dir ab, dass mein Weg ähnlich sein soll dem deinen. Und wenn ich bei ihnen bin, bei dir und bei ihnen, dann sehe ich, was ich tun muss: Lieben. Nichts weiter als Lieben. Meine Phantasie wird mir zeigen können, worin mein Lieben bestehen soll.

Dann antwortet Jesus Ihnen: Die Liebe Gottes, die vergebende und begleitende, wird bei dir sein. Nah bei deinem Mund und nahe deinem Herzen. Ich sehe deine Versuche. Du bist auf meinem Weg. Ich will dir nahe bleiben. Du wirst am Ende den Frieden finden, den du suchst. Und wirst von Anfang an hören, wie mein Wort dich anruft. Komm! Sei bei mir! Denn das ist der Kern dessen, was von uns verlangt wird. Dass wir absteigen von unseren hohen Rössern. Wir sollen unten leben. Auf dem letzten Platz. Und unten lieben. Du bist unten, auf der Sohle deiner Bescheidenheit und deiner Hingabe, ein freier Mensch. »Ich will dir folgen in die Niederungen des Daseins.« Nur dort unten kannst du tun, was du willst. Dort unten wird es alles gut sein. Trage das Elend dieser Erde mit in deiner Liebe. Nimm den Hunger wahr, der dort unten herrscht, den Hunger nach Gerechtigkeit und den Hunger nach Frieden. Dort wirst du die Freiheit entdecken, die Gott dir zugedacht hat. Hier findet dein Leben seinen Sinn, weit hinaus über die Grenzen deines Lebens und dieser Welt.

Dazu möchte ich Ihnen heute Mut machen. Weil ich weiß, wie viel lebendiger Ihr Leben sein kann, wie viel Schönheit es gewinnt. Wie dabei das Evangelium sich heller an Ihren schmalen Tagen abzeichnet. Sagen Sie: Ja, dieses Wort von Gott ist nahe bei mir. Ich kann es mit meinem Herzen aufnehmen. Ich kann es nachsprechen. Ich kann davon erzählen.

Ich sage also: Es steht einer zu mir, der bejaht mich. Ich kann also zu mir selbst stehen. Ich kann mich annehmen. Ich lege meine Unsicherheit ab. Ich atme auf und lebe.

Ich bin gehalten. Mir geschieht nur, was Gott will. Ich kann also Mut fassen. Ich brauche mich nicht zu fürchten, und ich kann auch anderen Mut machen zu ihrem Leben.

Ich werde heil und ganz sein. Was ich in mir an Rissen und Brüchen kenne, soll geheilt werden. »Steh auf!«, sagt mir Jesus. Ich lasse mir also meine Last abnehmen und richte mich auf.

Ich weiß dann: Ich kann vertrauen und meinen Weg sorglos und gelassen gehen. Ich lasse los, was mich bindet und zu Boden drücken will. Gott will mich leicht und fröhlich.

Ich bin ein freier Mensch. Niemand steht über mir außer Gott. Ich kann für meine Überzeugung gegen jeden Trend und gegen jede Macht stehen. Wenn meine Situation es erfordert, bin ich bereit, meine Freiheit abzugeben, ohne mich zu wehren.

Ich bin nicht allein. Ich bin Zuhause bei Gott und bei den Menschen. Am Tisch ist ein Platz frei. Das Haus ist offen. Ich stelle mich zu denen, die mit mir zusammen das Haus dieser Erde bewohnen, zu ihrem Leid und ihrer Einsamkeit.

Dazu sind mir Kräfte zugedacht. Ich nehme sie also in Anspruch. Geist von Gott ist uns zugedacht. Also ist es nicht unbescheiden, darauf zu vertrauen, dass er uns gegeben ist. Gottes Gedanken nachzudenken ist uns erlaubt. Also denken wir seine Gedanken nach.

Mir ist ein Auftrag gegeben: Ich soll in der Liebe Gottes leben und sie für andere spürbar machen. Ich bin ein Saatkorn für das Reich Gottes und für seine Gerechtigkeit. Das ist der Sinn meines Lebens.

Ich kann nur sagen: Ich muss mich nicht mit Mühe und Anstrengung selbst herstellen. Wer ich bin und was ich werden kann, das gibt mir die Liebe Gottes. Ich brauche nicht auf meine Leistung zu bauen. Ich scheitere nicht an meinem Versagen. Mich hält eine gütige Hand fest, unabhängig von dem, was ich zustande bringe.

Ich darf dieses Wort in all seiner Einfachheit so nehmen, wie es gesagt ist. Damit habe ich das Evangelium in der Hand. Ich sehe ein Ziel vor mir. Ich bin gerufen, und ich werde meinen Weg gehen in die größere Welt.

Der Tod kann mir nichts anhaben. Christus lebt, und ich werde leben und glücklich sein. Es wird alles gut.

So dachte ich im Sommer des vergangenen Jahres. Da traf mich ein weiterer Schlag. Ich beschloss eines Samstagmorgens, mit meiner Frau hinüber zu fahren nach Maulbronn, in die alte Zisterzienserabtei, die zur Zeit renoviert wird. Wir gingen eine Stunde lang durch die alten Bauwerke und studierten den burgundischen Übergangsstil zwischen Romanik und Gotik und die charakteristische Bauweise im Zusammenspiel zwischen Kirche, Kreuzgang und den Wirtschaftsgebäuden. In der Kirche stand ein Gerüst und es war kein Licht da. Ich ging die finsteren Gänge zwischen den Arbeitsbühnen entlang auf der Suche nach dem alten BauKern. Plötzlich verlor ich den Boden unter den Füßen und stürzte zwei Stufen einer Treppe hinunter, stieß mit dem Kopf an das Gerüst und lag da, ohne aufstehen zu können. Ich merkte: Dein linkes Bein kann nicht auftreten. So ließ ich mir von ein paar fremden Menschen helfen. Sie beschafften einen Rollstuhl und fuhren mich zu unserem Wagen. Dann verlief alles, wie es normal ist: Fahrt nach Hause, von dort in die Klinik. Dort Diagnose: Bruch des linken Oberschenkelhalses. Das war genau, was ich zu jener Stunde brauchte. Hilflos daliegen und nichts bewegen können. Nach einer Operation fing ich wieder an, gehen zu lernen. Fünf

Monate brauchte ich, um meine Arbeit wieder einzuüben.

Aber der Unfall hatte seine Wirkung: an die Stelle meiner eigenen Tätigkeit der Einübung zu vertrauen hin zu ein paar Gedanken, die nötig waren. Eine gründliche Umkehr zu neuen Ansichten, die mich näher heranführen sollten zu neuen Allianzen, einem neuen Empfinden, spontanen statt planenden Bereichen. Und eine neue Vorfreude auf das Sterben, die der Vorfreude auf Weihnachten ähnlich ist. Weniger wollen und darauf vertrauen, dass auch ohne meinen Beitrag an Gottes Reich alles gut so ist, wie es ist.

V

Wie komme ich dazu, von Gott zu reden? Ich habe den Erzählern zugehört

Wenn wir also uns selbst und unsere Wünsche, Ängste und Hoffnungen, unsere Leiden und unser allgemeines Abnehmen sortiert und abgelegt haben, dann können wir anfangen, uns Gedanken zu machen über, ja, über Gott. Nicht über den »lieben Gott«, der als harmlos tröstender immer im Hintergrund unserer Erwägungen stehen könnte. Sondern über den ernsthaften, den dunklen, unbekannten, von dem wir alle viel weniger wissen, als wir meinen.

Also: Wie kommen wir dazu, uns so etwas wie einen Gott vorzustellen? Dazu muss ich sehr weit zurückgreifen in die Geschichte der Menschheit. Es gibt ja eine uralte Erzählkultur, auf die wir achten sollten. Es gibt sie übrigens in den Überlieferungen aller Religionen. Alle gehen sie auf alte Erfahrungen zurück, und von diesen Erfahrungen wird bis zum heutigen Tag erzählt.

Ich bin, um dieser Erzählkultur näherzukommen, lange Jahre in alle die Länder gereist, in denen der christliche Glaube seine Wurzeln hat. Denn aus dieser Erzählkultur stammt, was wir von Gott wissen oder glauben oder ahnen.

Ich erinnere mich lebhaft einer Begegnung. Mit einem Guide, einem wüstenkundigen Begleiter, war ich unterwegs in irgendeiner heißen, steilen Wüstenschlucht. Nichts kam uns entgegen, weder Mensch noch Tier. Stille. Aber dann hörten wir um eine felsige Ecke herum das Gemecker einer Ziegenherde und sahen sie in ihrer Mitte: eine einzelne Frau. Mein Begleiter rief sie an, und sofort lief sie, flink wie ein junges Mädchen, auf ihn zu und fiel ihm um den Hals. Und redete. Redete. Während das Begrüßungspalaver anhielt, erklärte er mir, die Frau sei fast blind. Sie könne nur noch hell und dunkel unterscheiden. Aber sie rieche jeden Baum und jede Spur Wasser. Von ihren Ziegen lasse sie sich führen. Und während sie immer weiter redete, erklärte er mir, dies sei die Witwe des letzten großen Erzählers der Region. Der Mann sei vor einigen Jahren gestorben, und nun habe sie seinen großen Schatz an Märchen, Legenden und religiösen Geschichten übernommen und ziehe umher von einer der wandernden Familien zur anderen, von Zeltplatz zu Zeltplatz. Ihr Gesicht und ihre Hände waren wie Leder, von tiefen Falten durchzogen. Auch während des Redens hatte sie eine große geschnitzte Pfeife im Mund, in der sie die Blätter von Akazien rauchte. So stand sie noch lange und redete. Ich verstand kein Wort, aber ihre Gestalt und ihre Handbewegungen waren so lebendig und so packend, dass etwas ablief wie eine Geschichte mit ihrem Auf und Ab, mit ihrer Fröhlichkeit und ihrem Schrecken. »Was wird nun aus ihr?«, fragte ich. »Sie ist doch recht alt!« Er brauchte ein paar Augenblicke, bis er antwortete: »Sie wird sich eines Tages zwischen ihre Ziegen legen und sterben. Dann wird wieder ein Stück Wüstenkultur erloschen sein.« Inzwischen lief sie unter dem Gemecker ihrer Ziegen leichtfüßig weiter, bis sie um den nächsten Felsvorsprung bog und unseren Augen entschwand. – Mir fiel der 70. Psalm ein:

»Ich will meinen Mund auftun.
Aussprechen, was gilt.
Alte Geschichten will ich deuten.
Was unsere Väter, unsere Mütter erzählten,
wollen wir nicht verschweigen unseren Kindern.
Wir wollen dem kommenden Geschlecht bezeugen,
wie Gott in unser Schicksal eingriff und uns half.
Unseren Vätern gab Gott die Weisung,
sie sollten es kund tun ihren Söhnen,
damit auch sie, wie wir selbst, sich erheben,
ihren Kindern davon zu berichten.«

Ich habe dir nur Geschichten anzubieten, kein Dogma, keinen »Ismus«. Alle Ismen sind idealistische oder ideologische Ideen, die nicht funktionieren, weil die Menschen nicht danach gemacht sind. So Kommunismus, Sozialismus, Kapitalismus, Liberalismus, Humanismus oder sonst noch etwas. Nein, einen Ismus biete ich dir nicht an. Nur die Aufmerksamkeit auf deine Erfahrungen, die dich betroffen machen, die dich anrühren, dich bewegen, dich verändern, die dir tief aus dir selbst entgegenkommen. Jedes Dogma ist ein »Ismus«. Und jede

Erkenntnis Gottes beginnt damit, dass der »Ismus« seine erklärende Kraft verliert und eine Erfahrung an die Stelle tritt, eine Begegnung, ein Auftrag, eine Deutung. Was immer es sei. Etwas also, von dem du erzählen kannst.

Und wirklich: Suchen wir nach einem klassischen Erzählbuch aus jenen alten Kulturen, so werden wir irgendwann auch auf die Bibel treffen. Da wird über die Herkunft des Weltalls nicht theoretisiert, sondern erzählt. »Im Anfang schuf Gott Himmel und Erde.« Da wird von den Tücken des menschlichen Herzens nicht psychologisch geredet, sondern erzählt: »Da sprach Kain zu seinem Bruder Abel: Lass uns aufs Feld gehen!« Da wird von inneren Erfahrungen nicht im Sinne esoterischer Geheimniskrämerei geredet, sondern erzählt: »Und der Herr sprach zu Abraham.« Da wird Geschichte nicht im Stil von mythischen Heldenkämpfen berichtet, sondern schlicht erzählt. Und zwar bis hinüber zu Jesus und zu dem, was er getan und geredet hat.

Am Ende des Erzählens aber folgt das Lied, mit dem der Erzähler dankt:

»Viel Jammer habe ich gesehen,
aber deine Nähe tröstete mich.
Nun will ich dich rühmen mit Liedern,
die ich zur Harfe singe.«

Und am Ende entsteht aus der Gruppe der Weggenossen Jesu eine Wanderbewegung von Leuten, die weitererzählen, wer dieser Jesus gewesen und wer er bis zu ihren Tagen sei. Und aus diesem Erzählen entsteht eine Kirche auf dieser Erde:

»Die Verstreuten aber zogen umher und erzählten, was geschehen war.« (Acta 8,4)

Und es geht bis hin zu dem Ende, an dem sie erzählen, was später einmal geschehen werde. Da greift ein Vorweg-Erzähler in die Zukunft aus:

»Und ich sah einen neuen Himmel und eine neue Erde, denn der erste Himmel und die erste Erde waren vergangen ...« (Offenbarung 21,1)

Von der ersten bis zur letzten Seite der Bibel ergeht ein einziges Erzählen, Wiedererzählen, Nacherzählen und Vorauserzählen. Wer sich aber von uns in die Reihe derer stellt, die von der Gegenwart Gottes in der Menschengeschichte sprechen, in der Bibel und in den zwei Jahrtausenden bisher, wird selbst ein Erzähler sein, der hervorholt, was gewesen ist, ein Nacherzähler dessen, was er geschrieben findet, und ein Vorauserzähler dessen, was nach seiner Kenntnis und Erfahrung kommen wird, und nicht viel an seinem Erzählen wird verblasenes Gedankenwerk sein. Er wird seine eigenen Erfahrungen einbringen in die Kette der Erzählungen, die ihm aus Jahrtausenden zu Ohren kommen. Denn der Sinn des Hörens auf die heilige Schrift ist ja nicht der, dass der Hörende danach mehr weiß, sondern dass er fähiger wird, äußeren und inneren Anrufen zu folgen und danach zu erzählen, was er dabei erfuhr.

Das Zentrale, das Jesus uns erzählt, ist von nicht mehr zu überbietender Einfachheit. Er sagt: Du stehst zu Gott in der Weise, wie ein Kind zu seinem Vater steht. Verlass dich auf ihn. In ihm bist du getragen und geborgen. Er ist dir nahe. Das ist das einzig Wichtige, auf das es für dich ankommt. Und es ist von einzigartiger Kühnheit.

Wenn wir heute sagen: Vater »im Himmel«, so meinen wir: Du, den ich anrede, bist mir unendlich nah und doch nicht greifbar. Du bist mir an Wirklichkeit überlegen, an Rang, an Gegenwärtigkeit. Du bist überall; und vor allem: Du bist hier auf dieser Erde bei mir. Du bist um mich her, unter mir, über mir, vor mir, hinter mir, rechts und links und überall, wohin ich schaue, wohin immer ich gehe, aufsteige oder abstürze. Himmel ist die Nähe Gottes, aus der ich komme, in der ich lebe, in die ich zurückkehren werde. So sagt mir Jesus: Lass alle hilfreichen und schützenden Autoritäten dieser Erde rechts und links liegen und vertraue der Väterlichkeit Gottes. Er wird dich führen, wo du keinen Weg siehst. Er wird dir Leben verleihen, wo du das deine hingibst. Er wird dich auffangen, wenn du fällst.

Aber es könnte geschehen, dass auch ein so einfaches Vertrauen zu Gott, dem Vater, dem unendlich überlegenen, viele, unendlich viele Menschen wieder belastet. Im Grunde ist ein solches Vertrauen für einen Menschen, dem das Leben nicht nur Sonnenschein bereithält, nur schwer zu leisten. Es kann mir zufallen wie ein großes, reiches Geschenk. Es kann mich aber, sobald ich mich darum bemühe, auch bis über die Grenzen meiner Kraft hinaus fordern.

Alle eigene Erfahrung aber bedarf der Kontrolle. Was geschieht denn auf dem Weg von der Wirklichkeit zu ihrer Erfahrung, von der Erfahrung zu ihrer Deutung? Ich nehme an, ein Mensch habe ein großes oder kleines Erlebnis. Das fasst er in einen überraschten Satz etwa der Art: »Ach so!«, »So ist das!« Und er hat eine Wirklichkeit, vielleicht gar eine Wahrheit wahrgenommen. Ihm ist ein »Licht aufgegangen«.

Aber was haben wir danach in der Hand? Die Wahrheit? Wohl kaum. Wir haben eine Erfahrung von Wahrheit. Aber nicht einmal die haben wir. Die Erfahrung geht vorbei und schwindet. Sie kommt nicht wieder. Was bleibt uns? Die Erinnerung an das Erfahrene. Wir haben erlebt, dass uns für einen Augenblick eine Wirklichkeit, eine Wahrheit aufging. Wir können sagen: Ich habe sie gesehen! Ich erlebte eine Rettung! Ich fand Boden unter meinen Füßen. Mir hat sich etwas aufgetan wie ein Fenster hinüber in eine andere Welt. Wir fassen unsere Erfahrung in eine nachfragende Erinnerung.

Aber das Fremde und Rätselhafte dieser Erinnerung

bedarf der Klärung. Wir denken über sie nach und versuchen sie zu deuten. Das ist nötig. Wir werden, um die Deutung zu finden, viel, was wir sonst erfahren haben, mit seiner Erinnerung zusammenweben müssen.

Einer muss den anderen davon erzählen. Dabei wird seine Erzählung Züge gewinnen, die in der ursprünglichen Erfahrung nicht mitgegeben waren. Das ist legitim. Die Vereinfachung des Erfahrenen in der Erinnerung, seine Umprägung durch seine Deutung sind unausweichlich. Denn der Erfahrende muss sich erst in das, was ihm widerfahren war, selbst eingeben. Er muss sich in ihm wiederfinden. Es gibt keine Biografie, die erzählt, was wirklich war. Immer wird der Erzähler sich in seine späteren Erinnerungen selbst so eingeben, wie er zu diesem Zeitpunkt ist. Und mit dieser Veränderung seiner Erzählung, mit der er sich seiner Erinnerung erinnert, stellt er sich in die Reihe der Erzähler unter seinen Vorfahren. Und so wird weiter überliefert, was er an Deutungen seiner Erfahrungen, an Bekenntnissen auch, formuliert hat.

Nichts anderes geschieht dort, wo er nachzuerzählen versucht, was ihm das Evangelium gesagt hat. Er wird erzählen, was ihm diese große Liebesgeschichte Gottes mit den Menschen erzählt. Er wird einlegen und auslegen, er wird hineintragen und heraustragen, und sein Versuch wird seine Berechtigung nicht durch seine Richtigkeit gewinnen, sondern durch seine Authentizität. Und vielleicht wird er es auch durch eine ironische Brechung in das Überlieferte eingehen lassen, die es einem heutigen Hörer ermöglicht, sich in dem Erzählten wiederzufinden. Er sagt damit: Der schaffende Gott schafft weiter. Der redende Gott redet weiter. Der gegenwärtige Gott ist weiterhin gegenwärtig. Der liebende Gott liebt. Gott ist treu, sagt die Bibel. Das heißt: Der Zugang zur Erfahrung seines Wirkens bleibt offen bis ans Ende aller Dinge. Die Gemeinschaft der Kirche aber wird ihre Treue zum Evangelium darin bezeugen, dass sie von der Treue Gottes nicht aufhört zu erzählen.

VI

Erzählen kann, wer etwas erfahren hat

Dieses Erzählen geht durch die Geschichte der Kulturen hin in zwei Strängen, die getrennt verlaufen, aber immer wieder nah verbunden sind. Der eine, der äußere Strang ist sichtbar und hörbar. Er besteht aus vielerlei Überlieferungsvorgängen, die die Sprachgeschichte und die Tradition der Religionen vor- und nachzeichnen. Der andere, der innere Strang verläuft weniger leicht verfolgbar in den Seelen der Menschen. Der äußere zunächst:

Erzählen kann, wer etwas erfahren hat. Der entscheidende Hintergrund für das wirksame Erzählen ist die Erfahrung. Erzählen kann, wer etwas gehört oder gesehen, erlebt oder erlitten hat, etwa auch das, was er gelesen oder was ihm ein anderer bezeugt hat. Erfahrungen aus dem Tagesgeschäft, Erfahrungen an den Grenzen des Daseins, an den Grenzen des Wissens oder der inneren Bemühung. Erfahrungen, in denen Grenzen überschritten werden. Dabei ist das Urthema, was denn Wahrheit sei und wie man sie finde.

Das Erzählen legt die Ausdrucksweise einer frühen Zeit zugrunde. Es nimmt Bilder auf. Und es hat in aller Stille an uns den Auftrag eines neuen Erzählens. Diese erzählte Wahrheit, so sagt etwa die Bibel, die Wahrheit Gottes und der Menschen, die Wahrheit der Welt und der Geschichte, blitzt auf in den Erfahrungen derer, die davon erzählen können, weil sie sie erfahren haben. In diesem Sinne ist die Bibel ein einziger, großer Erzählzusammenhang. Sie gibt von Generation zu Generation die Erfahrungen von Müttern und Vätern, von Weisen und Propheten weiter.

Am Anfang des biblischen Erzählens steht tausendfältig die Erfahrung des gegenwärtigen, des schaffenden und redenden Gottes. Diese drückt sich aus in Worten wie: Ich schaute ..., ich hörte ..., mir geschah ..., mich traf eine Stimme ..., mir träumte ..., mir öffnete sich ein Tor ..., ich wurde gerettet ..., ich wurde geführt ..., ich sah, was ich sonst nie sah ... Und wer heute versucht zu erzählen, muss sich fragen, was er denn selbst wirklich geschaut, gehört, erfahren und aus seiner Erfahrung gewonnen habe. Was hat er denn dem Dasein abgeschaut? Was ist denn als eine Spur noch so bescheidener Erfahrung wirklich in seiner Hand geblieben? Was kann er im Ernst bezeugen? Wenn wir sagen: Alles liegt am Erzählen, so wird nur wenig gelingen können ohne Erfahrung. Und wir begeben uns in eine flache Augenblicksmentalität, wenn wir alles, was heute geschieht, auf das Heutige gründen.

Unser Erbe sind die Erfahrungen der Urmenschen, der Jäger und Sammler, der Bauern und Krieger der vorgeschichtlichen Zeit. Danach der Kulturen und ihrer Schöpfer, unserer nahen Vorfahren, unserer Mütter und Väter, und endlich die Erfahrungen, die uns selbst treffen. Das besondere Gewicht unserer Generation im Lauf der Generationen bemisst sich danach, ob wir die

Kraft aufbringen, Teil einer uralten Geschichte zu sein, Agenten einer alten Geschichte für den Augenblick, in dem wir unser Leben zubringen. Ob wir so dem »alten Mann«, der »alten Frau« in uns selbst zuhören. Wir kommen auf keine andere Weise an den Sinn der geschichtlichen Stunde, in der wir leben.

Wir werden dabei unsere heutigen Kräfte dafür einsetzen müssen, dass wir uns kritisch, selbstständig und unabhängig um unsere Vergangenheit und ihre Einordnung bemühen. Dass wir frühere Bilder und Riten, in denen das Dasein gedeutet wurde, überwinden. Dass wir frühere Irrtümer auf sich beruhen lassen, tiefere Einsichten, die uns erreicht haben, schützen und bewahren. In gewisser Weise ist die Menschheit selbst alt geworden. Das ist das Spiel, das mit viel Behutsamkeit ablaufen muss, will man am Ende zu ein wenig mehr Klarheit kommen. Und was uns am Ende zu unserer Antwort führen muss, ist das Ergebnis dieses universellen Fragens. Wir werden dabei den Blick gewinnen für die entscheidenden Aufgaben unserer Zeit. Wir werden unseren Nachkommen ein verändertes, ein aktuell zutreffendes Bild ihrer Situation hinterlassen. Sehr viel, was man so erzählt, hat die ursprüngliche Kraft solchen erzählenden Nachfragens.

Zu diesem sozusagen oberirdischen Strang der Tradition des Erzählens tritt aber ein zweiter, eine Art von Strang einer inneren Tradition. Seit der Mensch auf anfänglichste Weise begonnen hat, ein religiöses Bewusstsein zu entwickeln, blieben die Bilder seiner Erfahrung in ihm, in seiner Seele gegenwärtig. Seit er begann zu ahnen, es gebe unsichtbare Mächte, denen er ausgeliefert sei, fasste seine Seele diese unsichtbaren Mächte in Bilder. Er erfand magische Praktiken, er erzählte mythische Geschichten, er entwickelte primitive, dann reife Formen von Religion aus dem in seiner Seele niedergelegten Material von Prägungen und Bildern. In Hunderttausenden von Jahren entstand die Bilderwelt, die wir heute in unserer eigenen Seele und ihrem Untergrund antreffen und als »archetypisch« bezeichnen. Was der Steppennomade, der Höhlenmensch, der Jäger und Sammler, der älteste Ackerbauer und danach die entstehenden Hochkulturen an religiöser Erfahrung zusammentrugen, findet sich noch heute in den Bildern, die an den Innenwänden unserer eigenen Seele hängen. Sie verbinden uns mit einem uralten Wissen, mit ebenso alten Ängsten, Hoffnungen und Ahnungen. Eine urlange Geschichte verdichtet sich in uns und tritt ans Licht in den Bildern unserer Träume von Königen und Drachen, von Kindern, von Helden, von Müttern, in denen der Mythos sehr früher Zeit sich spiegelt und in denen die Seele ihre Versuche aufbewahrt, den Hintergrund und Untergrund unseres Menschenschicksals zu verstehen.

Eine Erinnerung: Uns fehlt heute eine bestimmte Kultur des Erzählens. Als ich jung war, fanden sich meine Altersgenossen in einem totalen Staat mit seinen Verbrechen und in einem Krieg mit seinen Gräueln und Schreckensbildern. Sie waren auf vielerlei Weise in das damalige Geschehen verstrickt, ob sie nun ihren Erfahrungen gewachsen waren oder nicht. Danach aber erlebten wir, dass die meisten, die so angefüllt mit Erfahrungen nach Hause kamen, nie davon erzählten. Nicht ihren Frauen, nicht ihren Kindern. Die jungen Väter schlossen sich in die Verwundungen ihrer Seele ein. Aber Eltern und Großeltern, von deren innerer Welt die Kinder und Enkel nichts wissen, werden nicht nur unbekannt, sondern entbehrlich, am Ende lästig. Die Folge jenes Schweigens war das verbreitete Aufbegehren zwanzig Jahre nach dem Ende des Krieges, in dem die Jugend der sechziger Jahre ihre Eltern anklagte: Was habt ihr denn getan in Hitlers Reich? Habt ihr geschwiegen? Seid ihr mitgelaufen? Habt ihr diese Verbrechen mitbegangen? Und wieder wurde auf solche Fragen in der Regel nicht mit Erzählen geantwortet, sondern mit einem hilflosen oder feindseligen Schweigen. Was verschwiegen wird, heilt nicht, was nicht erzählt wird, erfährt keine Deutung. Was die Bibel »Weisheit« nennt, die Fähigkeit, Geschehenes und Erfahrenes zu deuten, kommt nicht zustande.

Wer aber davon berichten soll, dem wird nicht viel von seinen Aussagen beweisbar sein, denn er wird sich zarten, angedeuteten, verletzlichen Dingen zuwenden. Er wird versuchen, durch die Dinge hindurchzusehen, und wird dabei bemerken, dass in seiner Welt weit mehr geschieht, als zu greifen und zu begreifen ist. Er wird wissen, dass er nichts weiß. Er wird mit seinen Worten und mit den Bildern, die in seinen Worten verborgen sind, irgendwohin weisen, wo ihm etwas begegnet ist, und wird viel offen lassen, wo seinem Gehör etwas wie Wahrheit offenbar geworden ist. Denn Wahrheit ist nicht vorzuzeigen, sie ist nur in der Sprache des Erzählenden zu bekennen.

Er wird horchen, wie man horcht, wenn Gott ein sprechender Gott ist. Er wird die Welt sehen, wie man sieht, wenn in ihr Gott ein wirkender Gott ist. Er wird denken, wie man denkt, wenn Gottes Gedanken nachgedacht werden können. Er wird wissen, dass Gott auch in den Menschen gegenwärtig ist, und er wird zu den Menschen sprechen, wie man zu ihnen spricht, wenn in ihnen Gott ist.

Er wird ein Wort erwarten, das er noch nicht kennt. Er wird eine Vision erhoffen für ein Tun, das sich noch nicht entschieden hat. Er wird die Kräfte seiner Intuition wecken. Er wird um die Heiligung seiner Phantasie bitten und am Ende mit seiner ganzen Gestaltungskraft erzählend sein Werk tun. Woher auch sollte noch Hoffnung kommen für die Welt, wenn es das nicht gäbe: eine inspirierte Phantasie, eine von Gott geweckte Kraft

des Vorstellens und Malens und die freie Kraft zu schildern, was kommen wird?
Sehe ich um mich und betrachte ich die vielen um mich her, so sehe ich allenthalben eine seltsame Mattigkeit. Es fehlt, wohin immer ich komme, allüberall in den Seelen der Menschen die elementare Kraft, aus der sie eigentlich leben müssten. Müssen wir nicht neu das Zutrauen zu dem Acker gewinnen, der wir selbst sind? Müssen wir nicht wieder neu in die elementare Welt unserer eigenen Seele und ihrer Bilder einwurzeln? Oder gleichsam eine Schicht tiefer: Muss unsere gefährdete Seele nicht neu einwurzeln in die Vitalität unseres Leibes? Und noch einmal eine Schicht tiefer: Muss nicht unser Leib, wenn er unserer Seele Kräfte zuführen soll, einwurzeln in das elementare Kräftespiel des kosmischen Lebens der Erde?

Muss nicht aus der hier aufkeimenden Kraft das kommen, was wir den »Mut zum Sein« nennen: Mut, in der Welt zu stehen, Mut, sich dem unberechenbar Lebendigen auszusetzen, Mut, zu widerstehen, wo deformiert oder zerstört wird? Mut, seinen Glauben und sein Urteil dem Anspruch von Mächten aller Art entgegenzuhalten? Mut, ein »Liebhaber des Lebens« zu sein in dem Sinn, in dem der Dichter des Buches der »Weisheit Salomos« dies von Gott sagt? Dieser Mut kommt, wenn wir die Gleichnisse Jesu vom in uns aufwachsenden Reich Gottes hören, wie Grundwasser an unsere Wurzeln. Er kommt wie Regen von oben, wie das Licht von allen Seiten. Und ihn sollen wir einbringen, wo immer Menschen die eigene Wurzelhaftigkeit fehlt.

Das alles ist gerade heute sehr wichtig, denn das Bild des mutigen Menschen verändert die Landschaft. Die Welt wird ursprünglicher, und wir selbst leben näher an unseren Ursprüngen. Es geht dann nicht mehr um uns und unseren Erfolg. Es geht nicht darum, dass wir uns etwas Neues vorstellen, dem wir unser Leben widmen wollen, sondern darum, dass sich uns eine Wirklichkeit vorstellt, die uns auf das Neue, das Andere, das Große hin mitnimmt. Es geht nicht darum, was wir denn am Ende gefunden haben werden, sondern darum, ob und von wem wir gefunden und mit Kräften ausgestattet worden sind. Nicht darum, ob wir den Weg kennen, sondern darum, ob man uns am Ende an unserem Gehen erkennt.

Helfen kann dabei jene erstaunliche Regel, die Jesus aufstellt, wenn er sagt: Macht euch keine Sorgen! Jene überlegene Heiterkeit, die es wagt, die Existenz von uns Menschen mit der von sorglosen Blumen oder Vögeln zu vergleichen! Jene Gelassenheit, die von dem Bauern spricht, auf dessen Feld es wächst und reift, auch wenn er schläft, auch wenn er nichts davon weiß und nichts dazu tut. War Jesus naiv? Nein, Jesus wusste wohl, in was für einer Welt er lebte und wie feindlich diese Welt seiner Sorglosigkeit entgegenstand. Er lebte, was seinen eigenen Weg betraf, im Ungewissen. Er wusste nur, was er wissen musste, um seine Sendung erfüllen zu können. Aber er war der Anfänger und Vollender jenes Zutrauens, er werde jeden Tag empfangen, was er brauche. Er war jener mystische Augenblicksmensch, der jetzt und hier der Ankunft Gottes gegenüber offen ist. Ich empfand bei ihm von jeher jene überlegene Leichtigkeit, die dort einkehrt, wo der Wille Gottes an die Stelle getreten ist, an der sonst der Wille des Menschen sich durchsetzen muss.

Wenn wir also Gott suchen, so gehen wir nach dem, was Jesus uns sagt, in uns selbst hinab und horchen, was das Wort sagt, das innere, das Wort von Gott. Wir hören: Geh hinunter, so tief es geht, in dich selbst. Steige die lange Wendeltreppe ab, Runde um Runde, bis du wirklich in dir selbst bist, und dann horch! Denn dich soll das Wort finden, das in dir Wurzeln schlagen soll. Du bist der Acker, in den es fällt. Vielleicht sprichst du dir dabei eine seiner Geschichten so lange vor, bis dich das Wort gefunden hat und Gott näher ist, größer, deutlicher, spürbarer, und aus Gott das entsteht, was Jesus das »Reich« nennt, die große, von Gott gewährte Nähe zwischen ihm und dir. »Denn das Wort von Gott ist nicht im Himmel und nicht über dem Meer. Es ist nahe bei dir, in deinem Mund, in deinem Herzen.«

Bei alledem freilich gilt es, einen Irrtum zu vermeiden. Dieser würde alles sinnlos machen: Der Gott, dessen Stimme wir hören, sind nicht wir selbst. Es ist derselbe Gott, der in irgendeiner fernen Milchstraße wirkt und der in uns spricht. Wir sollten uns also nicht wichtiger nehmen, als wir tatsächlich sind, und uns einsetzen für das, was größer ist als wir selbst, größer in unserem Geist als unser Geist, größer in unserer Seele und lebendiger als unsere eigene Seele.

Wenn du also Gott in dir selbst findest, so höre ich Jesus sagen, wenn du ihn hörst in dem inneren Wort, das in deiner eigenen Tiefe ergeht, dann findest du damit etwas unendlich Kostbares. Eine Lebenskraft, die die deine übersteigt. Eine Klarheit, die du nicht aus dir selbst hast. Ein Vertrauen und einen Glauben, zu dem du von dir selbst aus die Kraft nicht hättest. Sage also: Ich bin ein Ort Gottes. Und mehr kann ich nicht wollen und nicht werden. An dieser Stelle werde ich (wenn überhaupt) den Sinn meines Lebens finden. Der liegt in der konkreten Erde wie ein Schatz, den ich ausgraben und für den ich alles geben muss. Er liegt nicht irgendwo in den Wolken, die meine Phantasie an den Himmel meiner Wünsche zaubert, sondern in der konkreten Wirklichkeit dieser Erde.

Mit alledem aber sagt Jesus: Weißt du eigentlich, wie lebendig, wie farbig dein Leben sein kann? Und wie viel Wahrheit, wie viel Schönheit und Frieden in dich einkehren können, wenn du anfängst, Bilder zu sehen, wie man Worte hört, und Erfahrungen zu machen, die sich wie Worte an dich wenden? Und er fügt hinzu: »Wer es fassen kann, der fasse es!« Und wir hören: Wer die Kraft hat, es zu fassen, der gründe sein Leben darauf.

Dann aber geht es weiter: Der Altgewordene wird in seine Kindheit zurückkehren und darin seinen Frieden finden. Ein 89-jähriger sieht ein seltsames Lebensgesetz. Ab der Mitte des Lebens wird das Erzählen der eigenen Lebensgeschichte wichtig. Danach wird sein Interesse sich immer jüngeren Phasen seines Lebens zuwenden. Kommt er an sein sechzigstes Jahr, so wird er von der Zeit seines Erwachsenwerdens, vielleicht auch seines dritten Lebensjahrzehnts berichten. Wird er siebzig, so wird er tiefer in seine Jugend eintauchen und in seine damaligen Widerstände und Träume. Wird er achtzig, so wird seine Kindheit immer lebendiger vor ihm stehen. So wird für mich sogar die Zeit immer wichtiger, an die ich keine Erinnerung mehr habe, die ersten Jahre meines Lebens. Offenbar führt unser zunehmendes Alter uns wie in einem Kreisbogen immer tiefer in unsere Ursprünge zurück. Wenn ich aber von dem, was mich aus meinen Anfängen beschäftigt, nichts mehr wissen kann, so brauche ich offenbar auch über mein Ende hinaus nichts weiter zu wissen. Und es ist mein Wunsch für die Jüngeren, sie mögen dieses Nachhausekommen in den eigenen Anfang auf die Weise erfahren, die ihnen nach ihrer besonderen Seelengeschichte das gute Ziel des Heimkommens zeigen will.

So wird aus dem Zuhören und Zutrauen das Selbstausprobieren, dann daraus das eigene Erfahren, das man dann wieder erzählen kann, nachdem man es verstanden hat.

VII

Was erwartet unsere Welt von uns Alten?

Von Peter Ustinov wird berichtet, er habe uns als sein Vermächtnis mit auf den Weg gegeben: »Wir alten Männer sind gefährlich, weil wir keine Angst mehr vor der Zukunft haben. Wir können sagen, was wir denken, wer will uns denn dafür bestrafen?«

In der Tat. Wir werden heute älter als früher. Wir erleben unser Alter mit gesünderen Kräften. Für fast jedes Leiden gibt es ein Ersatzteil, das uns Kräfte gibt, als wären wir 60. Wir haben frei für weiteres Lernen, weiteres Erkennen, weitere Klarheit als früher. Wir können öffentlich auftreten und sagen, was uns für den künftigen Weg der Menschheit notwendig erscheint. Und wir riskieren nichts damit. Niemand kann uns auf unserem Berufsweg darum blockieren, weil wir grün sind oder pazifistisch. Wer will uns dafür bestrafen? Also bitte: Reden wir! Und denken wir dabei an unsere Enkel. Oder an die Enkel unserer Nachbarn. Die Welt, die wir wollen, wird ihre Welt sein.

Was erwartet denn die Welt von morgen von uns Alten? Sie erwartet eine kaum erfüllbare ethische Anstrengung, mit der sich die Verhältnisse auf unserem Globus grundstürzend ändern müssen. Nur sehr wenig wird bleiben können, wie es heute ist. Sie erwartet zunächst das Eingeständnis, dass die ältere Generation es auch nicht in Ansätzen geschafft hat, die dringendsten Probleme zu lösen. Sie hat viel erkannt und begriffen, aber leider fast nichts erreicht. Das verändernde Handeln steht überall noch aus.

Wir haben um uns das wilde Gewoge der wirtschaftlichen und politischen Mächte. Wir haben uns gegenüber und um uns her die Folgen unseres heutigen Tuns. Wir haben vor uns eine mögliche Zukunft, vor der uns, wenn wir sie nüchtern sehen, nur Besorgnis erfüllen kann. Der Christ der Vergangenheit war in aller Regel dem Staat gehorsam und der Kirche treu. Er beschränkte seine Freiheit aus freien Stücken auf sein privates Umfeld. Das ist gründlich und endgültig vorbei. Ich stehe meinem Staat gegenüber, frei und verantwortlich. Ich gehe meinen Weg durch die heutige Weltlandschaft, ob die Kirche hinter mir zurückbleibt oder ob sie mir voraus ist. Ich füge mich ihr ein, solange mir scheinen will, sie sei auf der Höhe der Zeit und sie sage ihr Wort nicht für Menschen des vorigen Jahrhunderts.

In den vergangenen zehn Jahren war zu lernen, dass ein christliches Ethos seine Kraft durchaus in der privaten Sphäre zu erweisen hat, dass es aber das öffentliche Leben, die öffentliche Ordnung, die öffentliche Wohlfahrt, das politische Nachdenken und Entscheiden, die Kontrolle derer, die Macht ausüben, mit einschließt. Dass der Umgang mit unserer Erde und die Verantwortung für die künftigen Generationen durchaus unsere Sache sind. Die Aufgaben, die eine christliche Ethik einschließt, reichen so weit wie der Planet, auf dem wir leben, und greifen über den heutigen Tag weit hinaus in die Zukunft.

Da ist das Thema Armut. Hunger. Krankheit. Ganze Völker versinken heute im Elend. Ganze Gesellschaften spalten sich. Nur wer die Gründe nicht sehen will, kann sagen, das gehe unsere heutigen Luxusinseln nichts an.

Da ist das Thema Arbeit. Wir stehen in einer rasend schnellen Entwicklung der Produktionstechnik. Finden wir keine Lösung für die Neuverteilung von bezahlbarer Arbeit, so werden wir in fünfzig Jahren in unserem Land 20 Millionen Arbeitslose haben und weltweit ein Heer von mit Hungerlöhnen bezahlten Kulis, vor allem aber mit den billigeren Robotern.

Da ist das Thema Frieden. Frieden war für das nationale Bewusstsein früherer Zeiten die Frucht gewonnener Kriege. Heute wissen wir, dass jeder Krieg eine Folge politischen Versagens ist. Dass Krieg keine Probleme löst, sondern sie erst schafft. Dass die Voraussetzung des Friedens nicht die Macht ist, sondern die Gerechtigkeit. Können wir an unseren Erfahrungen vorbeileben?

Das Thema Verschuldung. Der soziale Friede ist bei uns gesichert, wenn der Staat eine Menge Geld ausgibt, das er nicht hat, das unsere Finanzsysteme aber gerne beschaffen. So leben wir auf Kosten unserer Enkel. Und zwar so, dass die künftige Armut in ihrer ganzen Krassheit abzusehen ist.

Das Thema Terrorismus. Die Vorstellung eines mit Massenvernichtungswaffen ausgerüsteten Terrorismus ist ein Albtraum. Aber was nützt es, ihn mit Waffen zu bekämpfen, solange über seine Ursachen nicht nachgedacht wird? So bleiben die Ursachen des arabischen Terrorismus im Selbstgerechtigkeitswahn der früheren Kolonialmächte wohltuend verborgen.

Da ist das Thema Umwelt. Ein weltweites Ethos muss die Würde von Stoffen und Kräften, Tieren und Pflanzen und ihr Lebensrecht einbeziehen, wollen wir selbst überleben. Es muss mehr Bereitschaft zum Verzicht auf Verbrauch fordern. Auf tausend schöne Dinge. Zum Beispiel auf Autorennen, die so ganz ohne praktischen Zweck sind. Ich zähle das alles nur auf, weil ich annehme, es gebe unter alten Menschen viele, die nicht wissen, was sie mit ihren noch gesunden Kräften anfangen sollen.

Aber es geht weiter: Da ist das Thema Gleichrangigkeit aller Menschen. Es gilt heute, die Menschenrechte unterdrückter ethnischer Gruppen, Rassen und Urvölker auf gleicher Höhe wie die der entwickelten Völker zu respektieren. Das ist ein breites Programm.

Da ist das Thema Ausübung von Macht. Wir werden heute von jedem Staat der Erde fordern müssen, dass er sich hinsichtlich der Weise, wie er heute Macht ausübt, vor einer ihm übergeordneten Instanz verantwortet. Machtausübung muss heute transparent geschehen, sie unterliegt der Rechenschaftspflicht.

Da ist umgekehrt das Thema Schutz vor staatlicher Bevormundung. Die Macht auf unserer Erde wird heute schon mehr von Wirtschafts- und Geldmächten ausgeübt als von Staaten. Es ist aber unabdingbar, das Monopol der Macht zu schützen, das dem Staat zukommt, wenn denn irgendwo und irgendwie noch von einem Rest Gerechtigkeit die Rede sein soll.

Da ist das Thema Wahrheit der Information. Das Thema öffentliche Mitrede. Das Thema Vorausdenken. Wer denkt schon unter den heutigen Mächtigen wirksam darüber nach, wie er mit unseren radioaktiven Abfällen umgehen will? Oder auch mit der neuen Chemie- und der Nanotechnologie?

Bedenken wir etwa, dass ein ganzer Katalog höchster ethischer Anforderungen sich in unseren kleinen Lebensumkreis und unser privates Lebensinteresse durchzeichnet, so kann uns die Müdigkeit ergreifen oder die Angst. Denn wie soll ein Mensch wie du und ich seinen Alltag bestehen und dazu und darüber hinaus die Kraft aufbringen, all dies aufs Herz zu nehmen? Ich kann niemanden verurteilen, dem dies alles zu groß und zu viel ist, und der sich in sein privates Gehäuse zurückzieht. Aber weniger als all das erwartet die Welt von morgen von uns weder im Großen noch im Kleinen.

Und all dies ist, so schwer es auch sei, die Essenz des Auftrags.

Vielleicht können wir, was heute nötig ist, in Regeln fassen. Diese scheinen allesamt utopisch, sind aber die Wahrheit, die zum gelingenden Leben der künftigen

Welt führt. Und sie gelten, wenn der christliche Glaube recht hat, mit aller Härte.

Scheue dich nicht, den Kürzeren zu ziehen.
Das ist der Weg zur Gerechtigkeit.

Lass dir etwas entgehen.
Das ist der Weg zur Rettung der Erde.

Verzichte darauf, siegen zu wollen.
Das ist der Weg zum Frieden.

Sorge nicht immer in erster Linie für dich selbst.
Das ist der Weg zum Glück.

Setze dein Leben für etwas Lohnendes ein,
das dir keinen Lohn verspricht.
Das ist der Weg zur Erfüllung.

Beuge dich nicht dem Zwang, dich ständig zu sichern.
Dann wird deine Zukunft nicht verbaut sein,
sondern offen und begehbar.

»Verzichte darauf,
dich in allem selbst verwirklichen zu wollen.
So wirst du dich gewinnen.«

Liebe! Das heißt: Lass dich los.
So wirst du dich in die Hand bekommen.

Wenn du solchen Regeln nachlebst,
bist du nicht weit von denen,
die Jesus »glücklich« nennt.

Unsere Welt braucht Alte, die, ohne gleich von Alternativlosigkeit zu sprechen, darüber nachdenken, welche Fehler die heute Aktiven offenbar machen, wenn unsere Welt so aussieht, wie sie es tut.

Ihnen gibt sie die Weisung: Denkt subversiv und innovativ, denkt frei, subjektiv und positiv, solange ihr am Leben seid. Dann seid ihr auf der richtigen Spur. Verliert keine Zeit damit, nach Bundesgenossen zu suchen, richtet euch nach keiner Meinung. Denkt in keiner Gewohnheit.

Nehmt euch die Freiheit, nur solche Gedanken zu verfolgen, bei denen es euch selbst gut geht. Denn nur solche Gedanken bringen auch die Jungen irgendwie weiter.

Ihr alten Frauen und Männer, macht euch klar, wie mächtig ihr seid. Wenn ihr selbstkritisch mit euch umgeht, wird das euren Ruhm nicht im Geringsten schmälern, aber es wird den Jungen um euch her enorm helfen, ihre Fehler nicht zu wiederholen.

Alte Frauen und Männer, lasst euch auch nicht

entmündigen, wenn ihr gebrechlich werdet und Hilfe braucht. Wenn es geht, poltert nicht und schimpft wenig, aber fordert in aller Ruhe und Klarheit all das ein, was ihr für eure Altersstufe braucht. Schließt euch zusammen, damit ihr es auch bekommt. Das ist wichtig und im Interesse von allen. Denn die Jungen von heute sind, wenn sie Glück haben, die Alten von morgen.

Nun aber folgt noch ein Gedanke, der das alles in seiner vollen Rätselhaftigkeit erscheinen lässt: Wenn ein Gott ist, so ist die lange Liste unserer Aufgaben in der Zukunft vorgezeichnet in seinem Willen. Es ist aber sehr schwer, den Willen Gottes zu erkennen. Oft genug tappen wir daneben. Dann besteht der Wille Gottes für uns in dem, was wir irgendwann gelernt haben. Was uns vertraut ist. Was uns zupass kommt. Und diesen Willen vertreten wir dann genauso, als wären der Wille Gottes und unser Wille ein und dasselbe.

Was will denn Gott? Will er das Gute, das wir uns vorstellen? Oder will er das Böse, das täglich vor unser aller Augen geschieht? Will er das Böse verhindern, ehe es uns verschlingt? Oder ist er derjenige, der alles mit uns zusammen erleidet?

Da habe ich keine einfachen Antworten. Da kann ich mich nur so trösten, dass ich es beiseitelege. Da kann ich vielleicht nur sagen, das soll wohl ungeklärt bleiben bis zum letzten meiner Schritte, und es soll wohl ungelöst mitgenommen werden auf die andere Seite des Daseins. Uns ist ganz offenbar nicht aufgegeben, alle Welträtsel zu lösen, sondern mit unserem ganzen Denken und Tun ein gehorsames Einverständnis mit dem zerrissenen Charakter dieser Welt aufzubringen, die gleichwohl dem Leben dient.

Dieses Bewusstsein von den alles beherrschenden und alles durchziehenden Verbindungen und Wechselbeziehungen nenne ich hier »Mitgefühl«. Das Mitgefühl wird eine der Tugenden der Zukunft sein. Es war sie immer, aber es wird sie in einer Unentbehrlichkeit werden, von der wir bislang kaum eine Ahnung besitzen. Das gemeinsame Leben von Mensch und Erde wird davon abhängen, ob dieses Mitgefühl unser Denken und Tun bestimmen wird oder nicht. Es äußert sich in Sorgfalt, Aufmerksamkeit, Rücksicht, Behutsamkeit, in der Fähigkeit, eigene Interessen zurückzustellen, und in Liebe zu allem, das des Mitgefühls bedarf, um leben zu können.

Mitgefühl ist Ehrfurcht gegenüber dem Wehrlosen, dem Schwachen, dem Tod Verfallenen, und es ist ein Geschenk des Lebens an den, der leidet unter seinem Mangel an Lebenskraft und Lebendigkeit. Mitgefühl ist der Ausgangspunkt für jeden sozialen Wandel und jeden Versuch, die Schöpfung zu bewahren oder den Frieden zu finden oder die Gerechtigkeit. Zum Be-

wusstsein der Zusammengehörigkeit gehört der Gedanke des Opfers, denn alles lebendige Leben lebt vom Geheimnis der Stellvertretung des einen für den anderen ebenso, wie es vom Opfer des einen um des anderen willen lebt. Mitgefühl hat mit Demut zu tun. Es ist kein Mitleid »von oben her«. Es ist das Bewusstsein gemeinsamer und wechselseitiger Verflechtungen. Es wird zum Mitdenken und Mithandeln und am Ende zum Mitsterbenkönnen. Und es ist bei Jesus im Mitgefühl Gottes begründet: »Seid barmherzig, wie euer Vater im Himmel barmherzig ist.« Ob uns das gelingt? Ich weiß es nicht. Am Ende, sagt uns Jesus, werden wir gefragt werden, wie viel wir geliebt haben.
Von Ernst Bertram haben wir das Gedicht:

»Du kannst nicht sein,
du kannst dich nur verschwenden,
kannst bleiben nicht,
die Erde wandert aller Enden;
du kannst nicht sammeln,
jedes Gold wird Blei,
und nichts ergreifen,
alles schwirrt vorbei;
du kannst nicht wissen,
denn es ward schon Trug.
Du kannst nur lieben.
Lieben ist genug.«

Hier endet sowohl die naive Naturwissenschaft, in der sich die Herrschaft des Menschen über die Natur ausdrückt, als auch die naive Naturromantik. Denn mit alledem wird uns die Welt der Schöpfung nicht etwa vertrauter, sondern auf vielerlei Weise fremder. Sie bringt uns nicht nur ihre Schönheit entgegen, sondern auch harte Anforderungen an unsere Nachdenklichkeit und an unsere Fähigkeit, uns zu unserer bescheidenen Rolle im großen Spiel zu bekennen.

Also noch einmal: Kannst du dich noch zu Fuß bewegen? Ja? Dann geh mit, wo immer eine Demonstration stattfindet, falls, was sie vorträgt, dein Gefallen findet! Kannst du noch sprechen? Dann sage deine Meinung! Kannst du noch schreiben? Dann schreibe deine Auffassung an eine Zeitung oder bringe sie ins Internet. Lebe sichtbar und spürbar, lebe öffentlich. Dann wird dein Alter einen guten und soliden, einen wertvollen, produktiven und über den Tag hinaus wirksamen Sinn bekommen.

VIII

Das Einvernehmen mit dem Ende

Aber nun will ich den Grundzug einer christlichen Lösung unserer Fragen ins Auge fassen. Es ist zugleich das Schwergewicht unseres christlichen Glaubens und die Aufgabe, die zwischen dem reifen und dem alternden Menschen an uns selbst gerichtet ist in der Nähe des Sterbens. Sie verlangt von uns, dass wir uns selbst loslassen.

Das ist auch eine der wichtigsten Weisungen, die mir Jesus gibt: Lass dich los! Deine Sorgen, deine Ängste, deinen Besitz, dein Fortkommen, deine Würde, deine große Bedeutung für den öffentlichen Rummel, was es immer sei. Es lautet allgemein: Lass los, was dich festhalten will. Lass dich selbst los. Es ist die gradlinige Einübung ins Sterben.

Noch einmal: Was gilt es loszulassen? Wenn ich meine Fähigkeiten, meine Gaben, meine Möglichkeiten gefunden habe, wenn ich an meine Grenzen kam. Wenn ich mich mit meinem Lebensgang versöhnt habe. Wenn ich also bei mir selbst zu Hause bin. Wenn ich gelernt habe, auf meinen eigenen Füßen zu stehen, und in einem guten Dialog mit mir selbst bin, dann wird es um die Zeit des Altwerdens immer langweiliger, mich um mich selbst zu bemühen. Es kann auch sehr qualvoll werden. Dann komme ich an einen Punkt, an dem ich nur noch sagen kann: Mach mich los von mir selbst!

Es ist wie in einer Gefängniszelle, in der man immer die sechs Schritte im Kreis ging, die es dort gab. Ich kenne das. Ich habe davon erzählt. Aber das war ein Punkt, von dem an ich manches anders sah von mir und meinem Leben. Dann geht eines Tages eine Tür auf, und ich komme von dem vorherigen Dreh um mich selbst frei. Aber das ist eigentlich ein Ereignis, das mir sagen will: Das konntest du nicht machen. Irgendwer hat die Tür aufgemacht. Es ist etwas Gnadenhaftes daran.

Und wenn du diese Befreiung einmal erlebt hast, dann wirst du dich in dieser Freiheit nicht allzu lange aufhalten können. Dann wirst du immer wieder zurückkommen müssen in das Gefängnis deiner mühsamen Lebensbewältigung. Aber du wirst immer dankbarer zurückkommen. Immer williger und bereiter, zu tun, was zu tun ist. Ein wenig einverstandener.

Du wirst merken, dass dieses »Türaufgehen« der entscheidende Punkt in deiner Zukunft ist. Dass dein Kampf ums Leben sehr mühsam sein kann, ein elendes Auf und Ab von Schmerzen, Verlusten, Krankenhäusern, Hoffnungen und Enttäuschungen – bis an den Punkt, an dem die Tür aufgeht und du ins Freie trittst.

Mein Auftrag ist, von mir Abschied zu nehmen, das heißt von der Idee, weiterleben zu müssen, weiter wirken zu müssen in dieser Welt. Aber das kann ich nur, wenn ich mich zuvor gefunden habe. Wenn ich weiß, wer ich bin und was eigentlich meine Absicht ist. Meine Absicht ist, an mir selbst festzuhalten. Zu sorgen dafür, dass ich weiterbestehe. Und da ist es Zeit, nach Kräften

zu suchen, die anderswo herkommen. Ich muss ja nicht immerfort für mich selbst haften. Ich gewinne mich, wenn ich mich loslasse. Dann muss ich wieder zu mir zurückkehren. Dann muss ich mich wieder loslassen. So oft, dass es mir immer leichter gelingt.
Herder hat gesagt:

»Vergiss dein Ich.
Dich selbst verliere nie.«

Das ist das Wort eines alten Weisen. Es ist für normale Menschen wie dich und mich zu schwer. Wir können es immer nur nachsprechen und wissen: Das ist es, auf das es ankommt, aber ich kann das nicht. Ich kann es versuchen. Was will denn das Ich? Es will immer und grundsätzlich an sich selbst festhalten. Aber das ist etwas Vorletztes. Wer von seinem Ich beherrscht ist, wenn er alt wird, verfehlt seinen wirklichen Weg. Denn sein Ich muss ja seinen Platz verlassen können. Das Selbst, der eigentliche Mensch, der Mensch, der anderswohin orientiert lebt, war schon in seinem Leben das, was Bestand hatte.

Die Vorübung auf das Altsein ist der nüchterne Rückblick. Was tun wir dabei mit dem, was nicht gut war? Mit dem Misslungenen, Missratenen, Missgetanen, Missgesagten? Was falsch war, beschämend, böse?

Was tun mit den langen Stunden, in denen wir immerfort daran herumdenken? Was tun mit den vielen Erklärungen, den Gedächtnislücken, die die Erinnerung täuschen? Mit den bohrenden Nachfragen: Wie und was und wie oft und warum und wann? Die Zeit der Erinnerung ist kostbar. Über dem täglichen Kampf gegen die Schuld langer Jahre aber verrinnt sie. Sie könnte auch mit Dankbarkeit gefüllt sein.

Was tun? Zunächst Gott, dann wohl auch Menschen gegenüber sagen, was war, ohne Beschönigung und Erklärung. Vergebung erbitten für das, was nicht mehr gut zu machen ist. Vergebung ist kein leeres Wort, sondern die Erlösung für den, der Vertrauen fasst zu dem Gott, vor dessen Augen wir so lange gelebt haben.

Ob die Äste an mir krumm sind, ist nicht das Wichtigste. Sondern dass ich im Licht Gottes – trotz allem – an meinem Platz leben darf.

Die Vorübung des Alterns bringt die letzte, entscheidende Wandlung. Die Wandlung unseres Auftrags. Die Chance, zu finden, was wir suchten. Das Ganze. Das Alles. Wir wenden uns von uns selbst ab den Menschen zu, die unsere Hand und unser Herz brauchen. Das war insgeheim schon die Aufgabe aller früheren Wandlungen. Aber nun ist es das eine, auf das es ankommt.

Die spirituelle Tradition sagt: Lass dein Ich hinter dir. Dein Ich täuscht sich, wenn es behauptet, es sei du.

Es ist nur deine Schale. Dein Panzer. Dein Mittel zur Selbstdurchsetzung. Dein Hilfsmittel, das dir helfen soll, dich in deiner Welt zurechtzufinden. Es ist ein Teil des Instrumentariums, das dir hilft zu überleben. Unser Weg von uns selbst weg ist aber ein Suchen nach der Gestalt, die unser Leben annehmen soll. Wir finden dabei das wichtige, das seltsame Gesetz der Spiegelung. Paulus sagt: Wir schauen Christus. Und wir verwandeln uns selbst in das, was wir schauen. Wir finden auch das wichtige Gesetz der Prägung: Es tritt ein Bild in uns ein, das uns diese Gestalt vorformt und uns ihr nachbildet, wie sie uns zugedacht ist.

Fürchte dich also nicht vor dir selbst. Steig die lange Wendeltreppe ab, die in dich selbst hinabführt, bis auf den Grund. Auf dem Grund deiner eigenen Seele begegnest du Gott. Du begegnest dem Geheimnis Gottes, dem Geheimnis aller Dinge und dem Geheimnis deiner selbst zugleich.

Aber dann schau dich um. Sieh die Menschen an und die Welt, in der sie leben. All das Unrecht. All das Elend. Sieh den Menschen ins Gesicht mit den Augen der Barmherzigkeit. In ihnen begegnest du Gott.

Du kommst von einer Vergangenheit her, von einer Tradition. Diese ist wertvoll und darf nicht verloren gehen. Aber sie darf dich nicht binden. Mach dich frei von Überlieferungen, von Gewohnheiten und Ordnungen und vom Geist deiner Zeit. Schau geradeaus. Nimm die

Freiheit auf, die Gott dir gibt, und geh auf das Geheimnis zu, in dem die Welt ihr Ziel findet.

Schau noch ein wenig tiefer. Wenn du Gott begegnest, wenn du ihn erfährst in dir selbst, dann merkst du vielleicht nur, dass etwas in dir lebendig wird, dass etwas in dir dich durchdringen will, dich verändern. Dass da eine leise Anrede ergeht. Dann gib Raum der verborgenen Kraft und überlass dich ihr. Sie will, dass du über deinen gegenwärtigen Zustand hinaus wachsen kannst.

Verlange also nicht, als Weiser zu gelten. So wirst du viel Weisheit erlangen. Halte dich nicht für erleuchtet, so wirst du dem Licht Gottes Raum schaffen können. Lass dich los, so bekommst du dich selbst in die Hand. Liebe und geh an deine Arbeit. Du wirst nicht nach ihrem Sinn fragen müssen. Niemand steht über dir, außer Gott allein. Du kannst also für deine Überzeugung stehen gegen jeden Trend und jede Macht. In dir ist Frieden, also übe dich in der Kunst, Frieden zu stiften. Du hast ein Ziel vor dir, das größer ist als du selbst. Du kannst also leben und glücklich sein.

Und es gibt bei Jesus auch sehr einfache Regeln, an denen ich prüfen kann, wie nahe ich bei mir selbst bin. Er sagt: Steig ab von deinem hohen Ross. Stell dich zu denen, die unten sind in sozialer Hinsicht, die in Krankheit und Armut, in Elend und Missachtung leben. Und wenn du bei denen bist, auf Augenhöhe, dann gib die ganze Liebe, deren du fähig bist. Das ist einfach. Und das müsste gelingen können, denn mehr ist nicht von dir verlangt. Dort unten bist du ein freier Mensch. Da kann die große und schöne Regel gelten: Sei unten und liebe. Und tu, was du willst. Es wird gut sein.

Vor fünfundzwanzig Jahren, als ich das Büchlein »Ich werde gerne alt« schrieb, habe ich hier ein wenig weitergeschrieben, und das nehme ich auf:

»Das Alter besteht nicht nur aus unseren Irrtümern,
sondern lebt auch aus der Tatsache,
dass uns die späten Jahre von Gott zugedacht sind
und wir sie füllen und genießen dürfen,
solange wir die Kräfte haben.

Denn wer genießbar bleiben will,
muss genießen können.
Eine strenge Lebensweise macht viele hart und scharf.

Bei aller Mühe werden wir nicht erreichen,
mit dem Willen Gottes eins zu sein.
Aber einen Punkt gibt es:
Wenn Gott uns einen schönen Tag gibt
und wir ihn von Herzen genießen,
erfüllen wir seinen Willen.«

Der Prediger Salomo sagt (11,7 ff.):

»Süß ist das Licht und lieblich den Augen,
die Sonne zu sehen.
Lebt einer hundert Jahre,
so sei er fröhlich in ihnen allen
und denke der Tage der Dunkelheit,
deren viele kommen.«

»Der Heitere«, sagt Shakespeare,
»ist der Meister seiner Seele.«

Und mit Humor nimmt es der Philosoph Sören Kierkegaard:

»Ein vollkommener Mensch zu sein,
das ist das Höchste.
Nun habe ich Hühneraugen bekommen;
das bringt mich dem Ziel schon etwas näher.«

Oder:

Man kann durchaus leben,
ohne alles wahrnehmen und beurteilen zu müssen.
Wenn wir Dinge wahrnehmen, die uns stören,
dann drücken wir ein Auge zu; wir haben ja zwei.
Und manchmal schließen wir beide.

Und wenn wir allein oder zu zweit auf der Bank
vor dem Haus unserer Seele sitzen
und die Erinnerungen aus- und eingehen:
Gegen niemanden einen Vorwurf festhalten.
Niemand anklagen für vergangene Dinge.
Von niemand Dankbarkeit fordern.

Wenig von aller Leistung halten,
der eigenen vor allem,
und lächeln über den Stolz, der nicht loslassen will.
Allabendlich allen Streit beenden.
Es ist wenig Zeit.
Nichts Ungeordnetes durch die Tage schleppen.
Anderen mit leichter Hand ihre Schuld vergeben
und das eigene Versagen erkennen.
Und danken für den gemeinsamen Frieden.

Oder:

Es gibt Dinge, auf die möchte ich mich verlassen.
Auf das Können der Ärzte zum Beispiel,
auf die Weisheit Gottes.
Das bedeutet: Ich kann von mir aus weggehen,
aus mir heraus, wie einer sein Haus verlässt.
Ich muss mich nicht schützen,
nicht selbst festhalten.
Ich kann ›mich verlassen‹.

Das seltsame Wort meint:
Du gelangst erst auf festen Grund,
wenn du dich ›verlässt‹.
Wer sein Leben nicht selbst in die Hand nimmt,
sagt Jesus, wird gewinnen.
Er wird sich auf den festen Grund verlassen können,
auf dem sein Leben ruht:
die Güte und Weisheit Gottes.

Und so findet er auf dem Boden des Verlässlichen
die Gelassenheit,
von der die Weisen aller Zeiten gesprochen haben.
Gelassenheit ist eine Art vornehmer Unabhängigkeit
und Bescheidenheit zugleich.
Gelassenheit ist eine Art anhaltender
Geistesgegenwart:
der Gegenwart des Geistes Gottes in uns.

Und was geschieht mit dem, was zurückbleibt,
mir wichtig und lieb gewesen ist?

Es gibt ein schönes und wichtiges Wort,
das unsere Voreltern gebrauchten,
wenn sie ein gutes Abschiednehmen meinten.
Sie sagten: Er oder sie »segnet das Zeitliche«.
Der Sinn dieses Wortes ist vielen verlorengegangen
mit viel anderem, das kostbar gewesen ist.

Segen ist die Kraft, die Fruchtbarkeit bewirkt,
Wachstum und Gedeihen.
Segnen heißt das Leben fördern und bejahen.
So segnet der Abschiednehmende
sein vergehendes Leben,
er segnet das Zeitliche und alles, was er geliebt hat.

Er schaut alles noch einmal dankbar
und freundlich an.
Er wendet seine abnehmenden Kräfte
den Zurückbleibenden zu
und gibt ihnen seine Liebe mit
auf ihren weiteren Wegen.
Er gönnt ihnen ihre weitere Zeit.
Er wünscht ihnen Glück.
Er vertraut sie der Güte Gottes an.

So schließt er sein Leben in Liebe ab.
Und wird dabei zuletzt noch das Schönste,
das er werden kann:
ein Mensch, von dem Segen ausgeht.

Und was erwarte ich?
Nicht, was man ewige Ruhe nennt.
Das ist zu sehr von unserer Müdigkeit aus gedacht.

Ich glaube, dass meine Wege weitergehen,
auch von Erkenntnis zu Erkenntnis,
dass ich einen neuen Raum erfahren werde
und dabei mehr verstehe von mir selbst,
von Gott, vom Sinn meines Schicksals,
von der Wahrheit unserer Welt.
Ich möchte wissen,
wie es auf der anderen Seite aussieht.

Nach einer langen Zeit des Aufenthalts auf einer Insel
nahm ein Schiff uns eines Abends wieder mit sich,
und hinter den versinkenden Bergen
stand das Licht.

Nein, ich will nicht noch einmal jung sein.
Ich werde gerne alt.
Und ich danke Gott, dass er mir gegeben hat,
in ihm zu sein ohne die Grenzen der Zeit.
Immer weniger steht zwischen dem Leben und mir,
dem ewigen, meine ich.
Ich stehe dort, wo das Licht ahnbar wird
hinter den Bergen dieser Erde.

Aber nicht nur mit dem Ende will ich einverstanden sein, ich bin auch einverstanden mit dem zunehmenden Alter. Es wird alles immer ein wenig klarer. Der Tod kommt näher. Und er wird ein wenig selbstverständlicher. Und er wird immer ein wenig vertrauter als Übertritt in jene andere Welt.

Und vielleicht werde ich etwa so zu Gott sprechen:

Heiliges Geheimnis, mein Gott!
Ich denke zurück an alle meine Jahre.
Nicht an meine Leistung denke ich. Sie ist gering.
Nicht an das Gute, das ich tat.
Es wiegt leicht gegen die Last des Versäumten.

An das Gute, das mir geschehen ist, denke ich.
An viele Menschen, ihre Freundlichkeit und Güte,
von denen ich mehr empfing, als ich wissen kann.
An jeden Tag und jede erquickende Nacht.

An deine Nähe in den Stunden der Angst
und der Schuld.

An viel Schweres denke ich.
An Jammer und Mühsal, deren Sinn ich nicht sehe.
Ich bitte dich: Wenn ich dir begegne,
zeige mir den Sinn.

Mein Werk ist vergangen,
meine Träume sind verflogen,
aber du bleibst.

Lass mich nun in Frieden heimkehren zu dir,
denn ich habe deine Güte gesehen.

Damit sind wir an dem Punkt, an dem für uns die Ewigkeit einsetzt. Wir sagen: Das Leben fließt in den Tod. Der Tod fließt ins Leben. Leben und Tod. Beides bist du, Gott. Wir gehen von dir zu dir. Das ist Ewigkeit. Das ist die Zeitstille, in der unser kleines Leben gelingt. Das ist die Zeitstille, in der wir uns selbst einsammeln und uns Gott anvertrauen mit allem, was wir sind.

Gott also höre ich. Die Erde fasst ihn nicht und nicht der Weltraum. Wenn aber mein Herz ihn empfängt, so verbinden sich dort, wo ich bin, Himmel und Erde. Ich schaue hinüber in die andere Welt, hoffend, träumend. Ich weiß, sie wird mein Ort sein. Ich weiß, alles ist vergänglich. Gott bleibt. Alles Vergängliche wird vergehen vor ihm. Am Ende auch die Vergänglichkeit selbst. Wir aber werden leben in ihm.

Kann ich mir auf meine Ausgangsfrage nun eine bündige Antwort geben? Werde ich noch immer gerne alt? Ich habe viele Schwierigkeiten genannt, die dem im Wege stehen können. Ich habe mehr von dem geredet, was mir im Wege liegt. Aber, wenn ich es genau überlege, so sind das alles Mühen, die überwindbar sind, wenn denn Gott kein Traum ist, wenn ich selbst keine Phantasiegestalt bin, sondern Wirklichkeit. Indem ich nicht dadurch verloren gehe, dass ich mich loslasse.

Wenn sich darin Lebensgesetze zeigen, in die ich mich eingeben kann. Und wenn die andere Welt mich gütig aufnehmen wird und ich mich darauf verlassen kann – ja, dann werde ich nach wie vor gerne alt. Und ich kann Ihnen allen Mut machen, selbst gerne alt zu werden.

Dazu habe ich mir nun einige Gedanken gemacht und kann Euch sagen: Ja! Freut Euch, solange Ihr da seid. Macht Euch keine Sorgen um Euren Stand in der Ewigkeit. Lasst Euch gesagt sein, dass dazu langfristig kein Anlass besteht. Fürchtet Euch nicht!

IX

Unser Ziel ist die Stille der Zeit

Ich werde am Ende also sagen können:

Ich weiß nicht, wer ich bin.
Aber es ist einer, der es weiß.

Ich weiß nicht, was aus mir wird.
Aber es ist einer, der mein Ziel im Auge hat.

Ich hänge nicht von meiner Leistung ab.
Ich bin gehalten.

Ich muss meinen Wert nicht selbst herstellen.
Er ist bewahrt.

Ich bin ein Sack, angefüllt mit Fehlern,
aber ich brauche nicht zu bleiben, was ich bin.
Mir steht eine Wandlung bevor.

Ich bin keine Schönheit,
aber das muss ich auch nicht sein.
Ich bin geliebt.

Ich scheitere nicht, wenn ich versage.
Mich fängt einer auf.

Ich ängstige mich nicht.
Ich stehe in Gottes Hand und werde in ihr bleiben.

Es ist viel Streit in mir und um mich her.
Aber ich lebe im Frieden.

Ich bin ein freier Mensch.
Ich kann aufatmen und leben.

Hier trennen sich die Wege: Entweder wir hören die Botschaft immer dunklerer Prognosen und gehen in ein Ende hinein, das uns verschlingt, oder wir gehen durch die Dunkelheit auf das Licht zu im Vertrauen auf das leise Wort, das uns zugesprochen wird. Unserm Mund und unserm Herzen.

Denn glauben heißt ja: Durch alles, was so kompakt vor mir steht, hindurchschauen, als wäre es von Glas. Glauben heißt hören, wie das Leben als ein feiner und ferner Ton in der Stille ausklingt. In der Stille, aus der sich am Ende die reine Musik jener anderen Welt, der ewigen Wirklichkeit, erhebt. Das ist das erste Merkmal einer Einübung des Abschiednehmens.

Wer es mit diesem Blick in die Zukunft wagt, der sagt: Es gibt dunkle Mächte. Gewiss. Aber ich brauche mich nicht zu fürchten. Ich kann mit Plänen und Absichten scheitern und mit all meinem Tun und Wirken, aber ich bin getragen. Ich kann schwach werden, alt und krank, aber ich brauche nicht auf eigenen Füßen zu stehen. Es kann mir alles genommen werden, aber nichts brauche ich krampfhaft festzuhalten. Es liegt mir, was ich brauche, ungefährdet in der Hand.

Ich bin bedroht. Das ist sicher. Aber ich brauche mich nicht zu wehren. Der Kampf um das Dasein ist auch mir zugemutet. Aber alles, von dem ich wirklich lebe, empfange ich wie ein Geschenk. Es ist schwer, unendlich schwer, in dieser Welt das Richtige zu tun. Aber ich brauche nur anzufassen, was mir vor die Hand kommt, denn Gott verlässt mich auch dort nicht, wo mir meine Verantwortung zu schwer ist.

Es ist ganz unmöglich, ein unschuldiges Herz zu bewahren. Aber ich werde nicht an meiner Unschuld gemessen, sondern an meiner Liebe zu denen, die gleich mir schuldig sind.

Solche Gelassenheit ist eine überlegene Leichtigkeit, wie sie nicht ohne weiteres aus der Erfahrung des Lebens kommt. Sie entsteht vielmehr dort, wo ein klarsehender Mensch Gott seine Sorge anheimgibt. Sie ist die innere Ruhe, die dort einkehrt, wo der Wille Gottes an die Stelle getreten ist, an der sonst der Wille eines Menschen sich durchzusetzen pflegt.

Wir sagen dann etwa so, und das ist das zweite Merkmal eines gelingenden Altseins:

Ich lasse mich dir, heiliger Gott, und bitte dich:
Mach ein Ende aller Unrast.

Meinen Willen lasse ich dir.
Ich glaube nicht mehr,
dass ich selbst verantworten kann,
was ich tue und was durch mich geschieht.
Führe du mich und zeige mir deinen Willen.

Meine Gedanken lasse ich dir.
Ich glaube nicht mehr, dass ich so klug bin,
mich selbst zu verstehen,
dieses ganze Leben oder die Menschen.
Lehre mich deine Gedanken denken.

Meine Pläne lasse ich dir.
Ich glaube nicht mehr,
dass mein Leben seinen Sinn findet
in dem, was ich erreiche von meinen Plänen.
Ich vertraue mich deinem Plan an,
denn du kennst mich.

Meine Sorgen um andere Menschen lasse ich dir.
Ich glaube nicht mehr,
dass ich mit meinen Sorgen irgendetwas bessere.
Das liegt allein bei dir. Wozu soll ich mich sorgen?

Meine Furcht vor meinem eigenen Versagen
lasse ich dir.

Ich brauche kein erfolgreicher Mensch zu sein,
wenn ich ein gesegneter Mensch sein soll
nach deinem Willen.

Alle ungelösten Fragen, alle Mühe mit mir selbst,
alle verkrampften Hoffnungen lasse ich dir.
Ich gebe es auf, gegen verschlossene Türen zu rennen,
und warte auf dich.
Du wirst sie öffnen.

Ich lasse mich dir. Ich gehöre dir, Gott.
Du hast mich in deiner guten Hand. Ich danke dir.

Ein drittes Merkmal der Vorbereitung auf das Abschiednehmen nennen wir die Kontemplation. Kontemplation ist die vollkommene Ruhe, mit der wir in Gott sind. Sie ist das einfache Sein, in dem nichts geschehen muss. Nicht einmal ein Gebet. Es ist alles fraglos. Es muss nichts erklärt werden. Und nichts muss verstanden sein. Da ist Frieden. Da ist Einvernehmen mit allem, was ist. Es ist die Feier des Seins. Wir sind. Gott ist. Und das feiern wir. Ohne zu fragen, wie lange dieses unser Sein noch währe.

Und ein Letztes: Es ist die Dankbarkeit, mit der wir zurückschauen in unsere lange Vergangenheit.

»Da der Tod das Ziel unseres Lebens ist«,
sagt Wolfgang Amadeus Mozart,
»so habe ich mich mit diesem wahren Freunde
des Menschen so bekannt gemacht,
dass sein Bild nichts Schreckendes mehr für mich hat,
sondern Beruhigendes und Tröstendes.
Und ich danke meinem Gott, dass er mir das Glück
gegönnt hat, ihn als Schlüssel zu unserer wahren
Glückseligkeit kennenzulernen.
Ich lege mich nie zu Bette, ohne zu bedenken,
dass ich vielleicht den anderen Tag
nicht mehr sein werde,
und es wird doch kein Mensch sagen können,
dass ich im Umgang mürrisch und traurig wäre.
Für diese Glückseligkeit
danke ich alle Tage meinem Schöpfer.«

Wir reden von der »Ewigkeit«, die uns aufnehmen wird. Aber damit meinen wir nicht die unendliche Länge der Zeit. Es ist die Zeitstille. Das Ende des ständigen Bewegens. Das Ende des Rasens der Zeit. Die Stille, die in Gott ist.

Nur eins will ich noch erzählen. Ich habe im vorigen Jahr eine wunderbare Reise gemacht. Mit meiner Frau zusammen bin ich auf einem Ferienschiff die Donau hinuntergefahren, von Passau nach Budapest und zurück. Auf dem Kirchentag in Dresden habe ich davon erzählt.

Was uns dabei neben viel Schönem, neben Städten, Dörfern, Ufern, Burgen und Bergwäldern berührt und bewegt hat, war das sanfte, fast lautlose und gleichmäßig ruhige Gleiten zwischen den Ufern. Wir saßen oder standen stundenlang mit dem Blick auf das Wasser oder die Uferauen, die sich vor unseren Augen vorbeibewegten. Und manchmal war es, als stünden wir still und die Ufer zögen an uns vorbei. Was bewegt sich hier eigentlich, fragten wir uns, was bewegt sich überhaupt in unserem Leben, und was steht fest? Das Land, das Wasser oder wir selbst?

Es war eine Art von Urerfahrung dessen, was wir die »Zeit« nennen. So gleitet sie, so gleichmäßig, so ohne Pause, so unveränderlich. Und manchmal kommt ein besonderes Bild, eine besondere Kirche, ein Schloss auf einem Berg oder ein weiter Ausblick, so, wie alle Jahre ein Geburtstag kommt oder ein Weihnachtsfest oder ein Neujahr. Und mit all dem wurde immer deutlicher das Wissen in uns, dass es nicht immer so weitergehen wird. Irgendwo und irgendwann wird das Schiff anlegen, das große Fließen wird zur Ruhe kommen. Wir werden aussteigen und auf einen festen, unbekannten Grund treten. Andere Schiffe werden dann an uns vorbeigleiten, und wir werden alles von einer anderen Seite aus ansehen, vom festen Ufer auf den bewegten Strom hin. Und es wird alles gut sein. Die Zeit wird sich wandeln in jene tiefe Zeitstille, die wir die Ewigkeit nennen.

Wenn man, wie meine Frau und ich, 86 und 89 Jahre alt ist, kann der Zeitpunkt nicht fern sein, zu dem es gilt, an Land zu treten, oder besser: an Land geleitet zu werden von einer Hand, die unser Vertrauen hat. Wir werden wieder die Augen auftun und aus einer ganz anderen Perspektive heraus sehen, wie groß und weit Gottes Welt ist.

Inzwischen wünschen wir uns und Euch allen, dass es von unserem oder Eurem Schiff aus noch viel Schönes in dieser Welt zu sehen gibt, dass Ihr in Frieden auf Eurem Schiff sitzt und Euch freut. Und dass wir alle dann eines Tages an Land treten können und uns dabei von der Hand behütet wissen, die uns nach Hause bringt.